JEUX POUR LA DÉMENCE

LABYRINTHE JEU

ActivityCrusades

Publié par Speedy Publishing Canada Limited

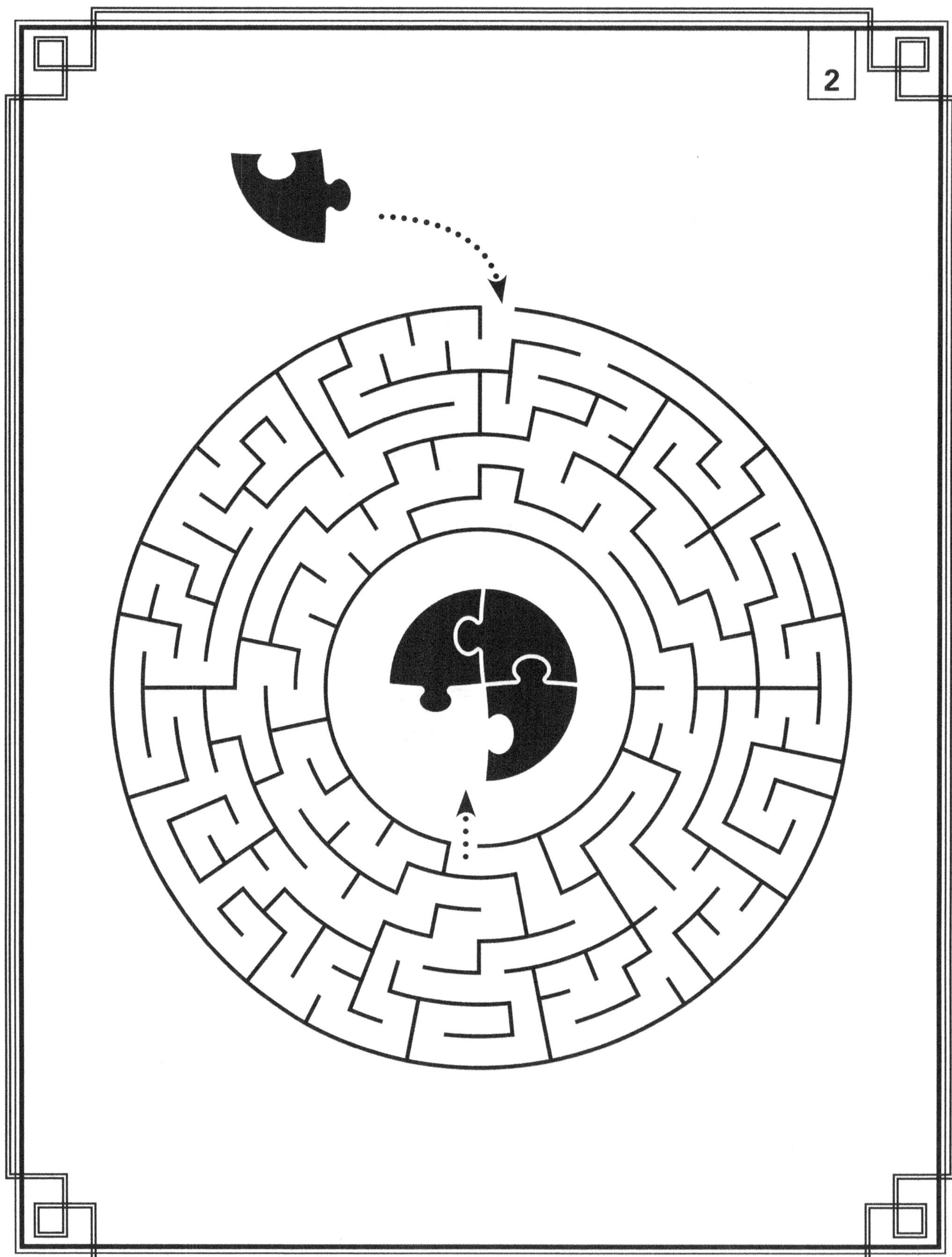

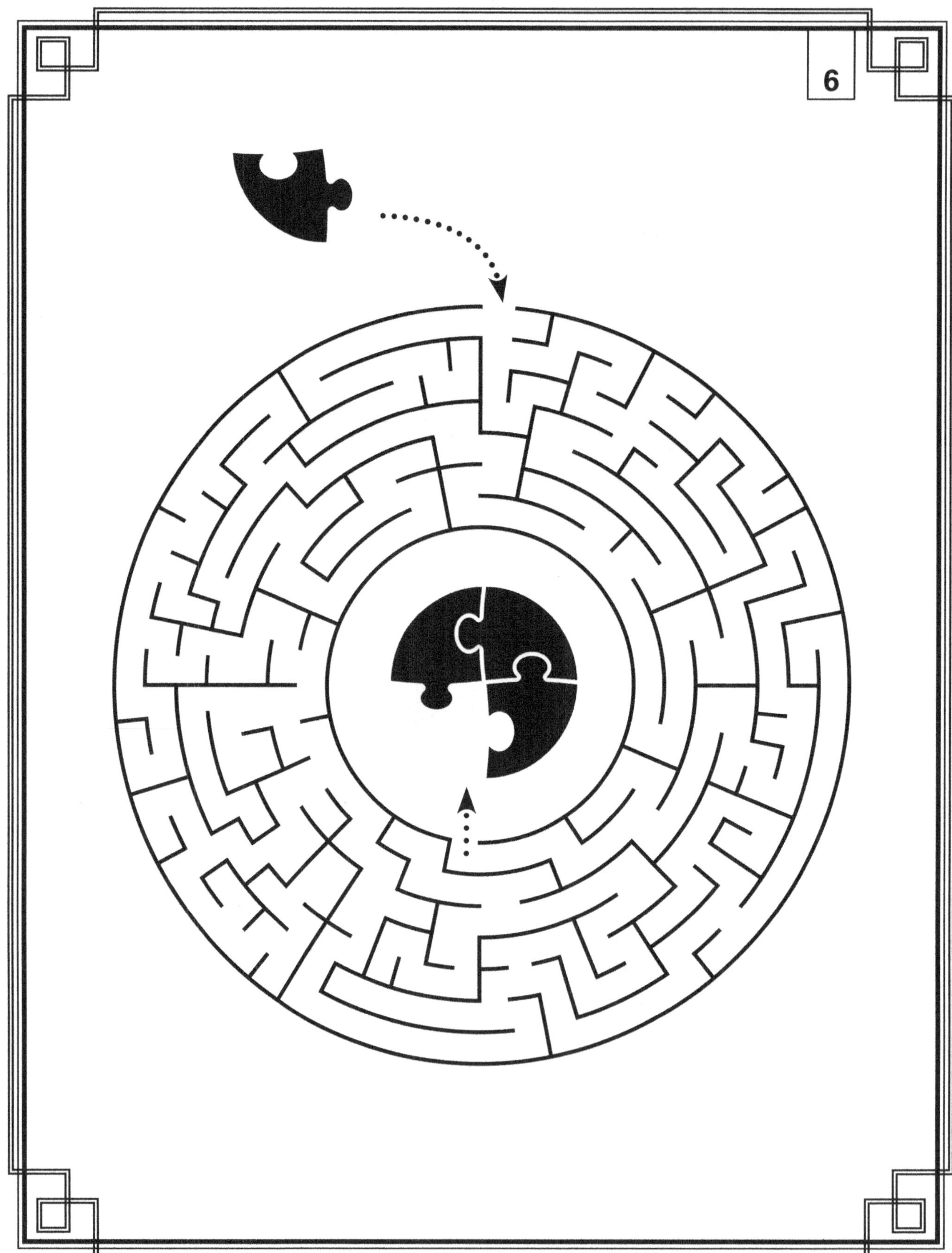

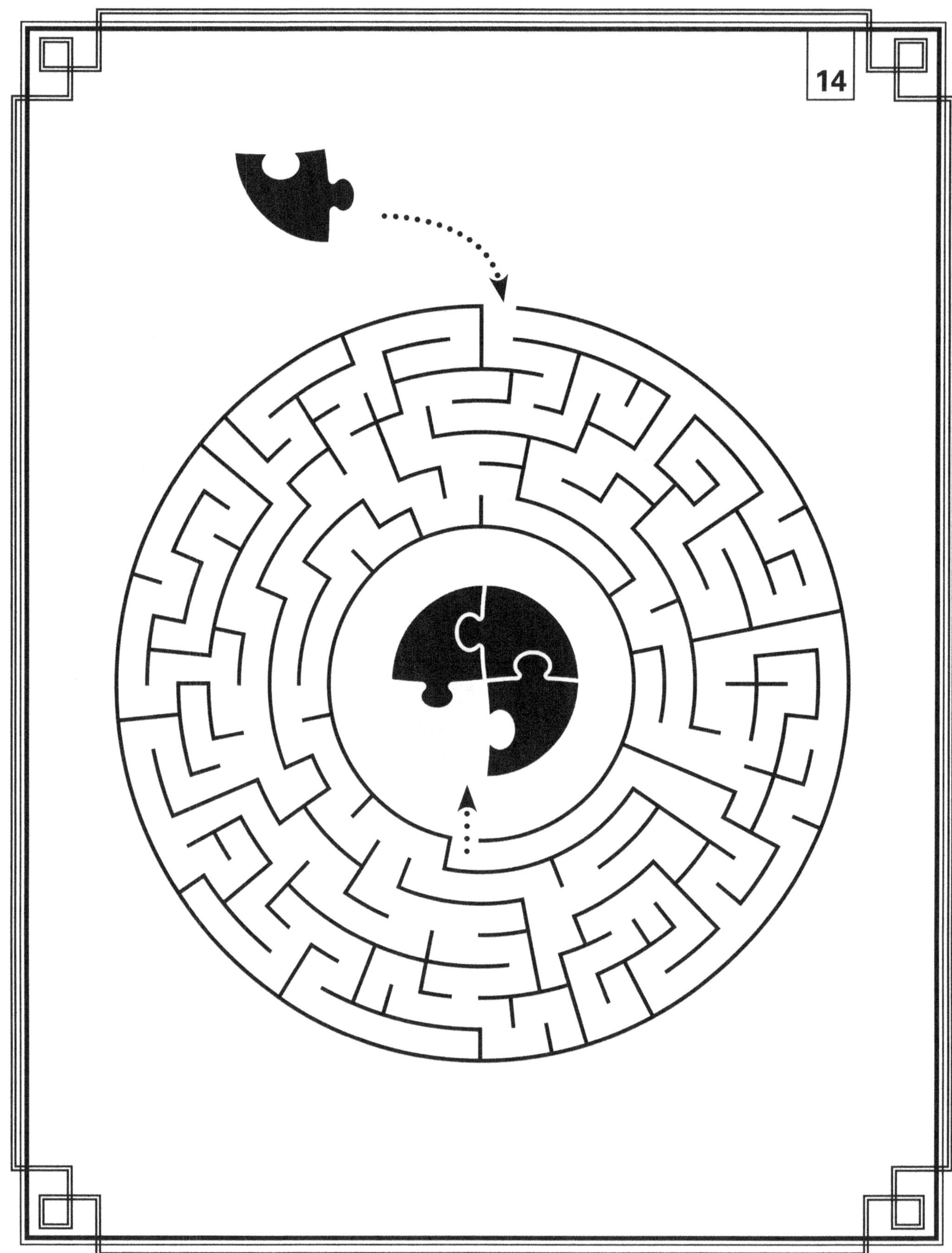

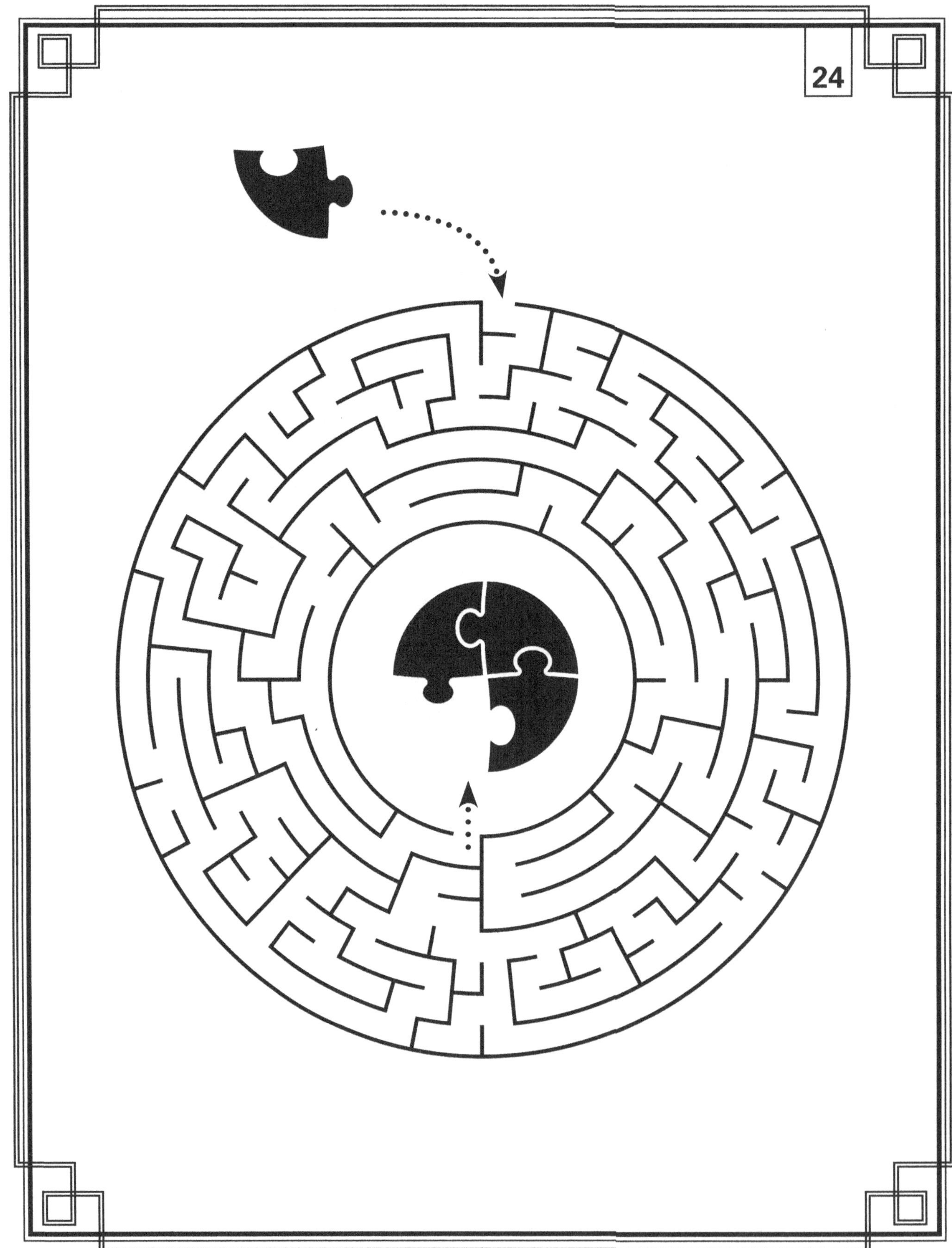

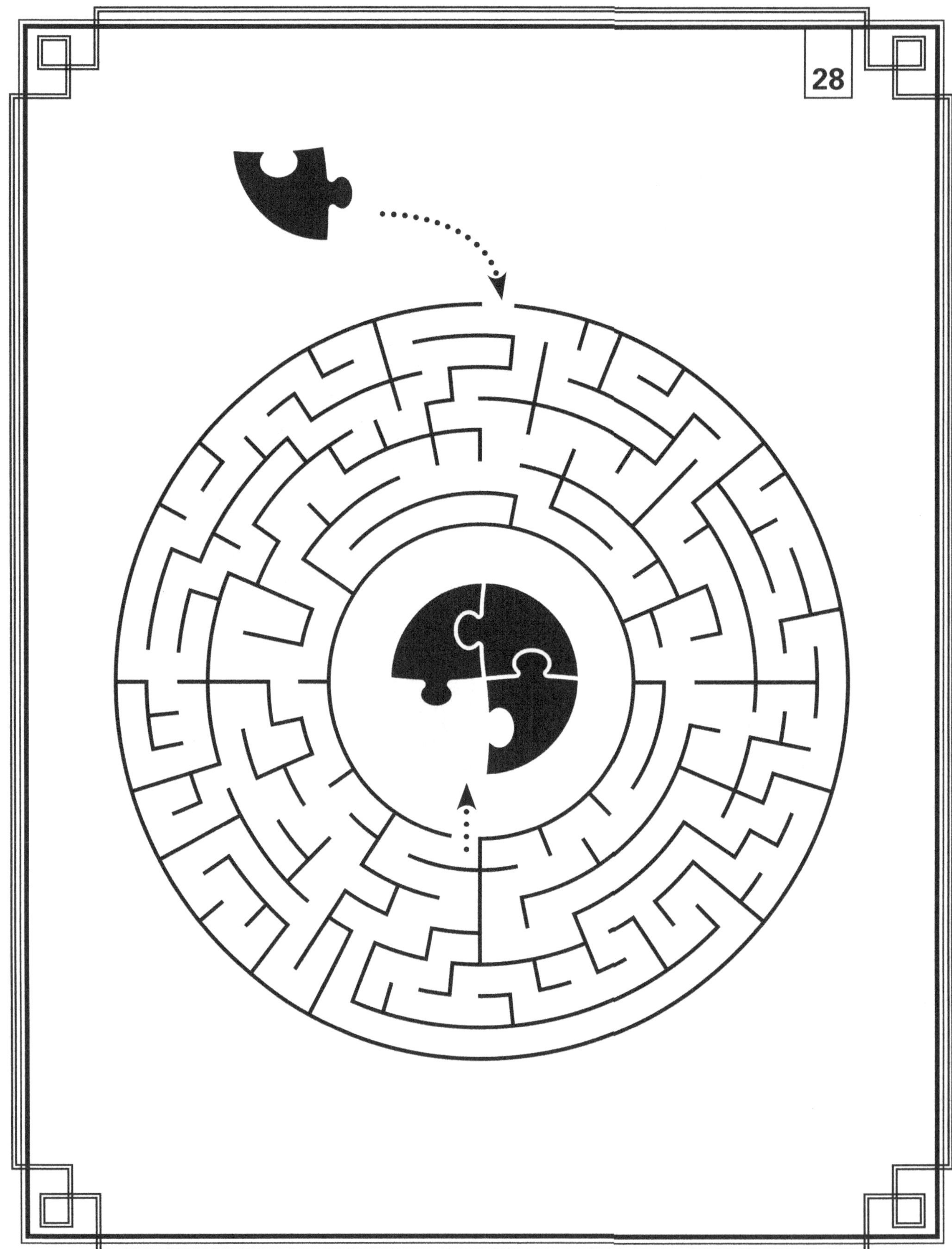

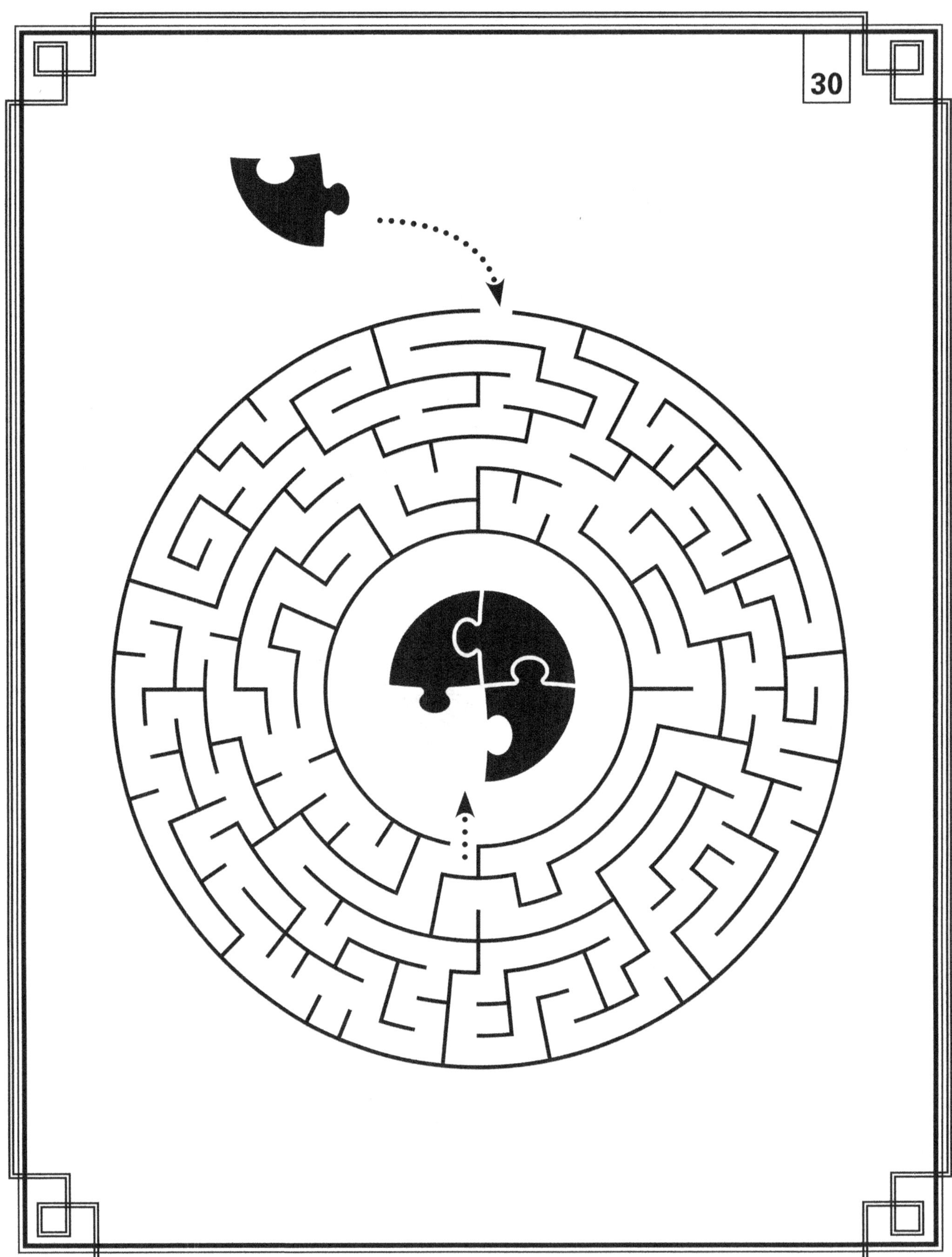

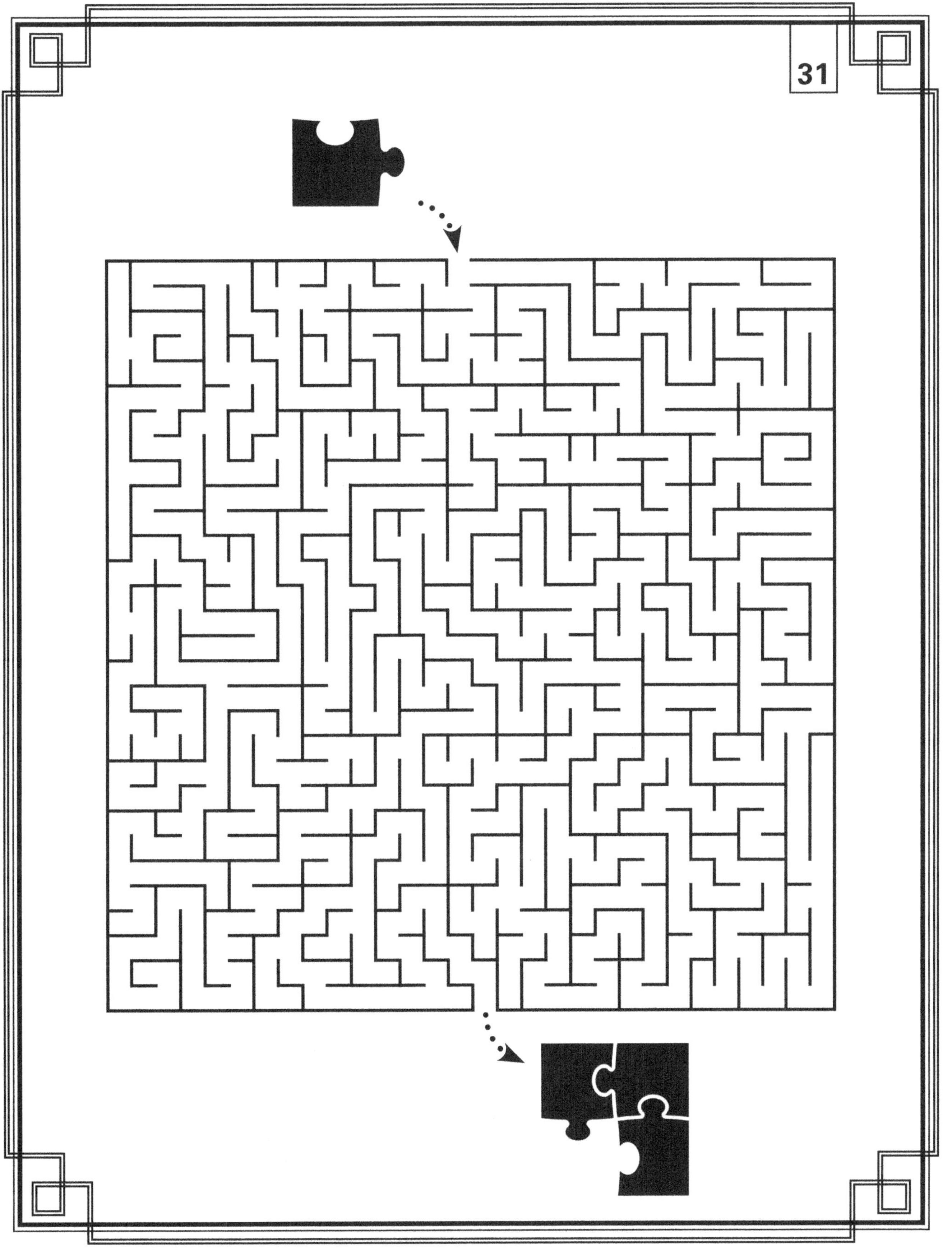

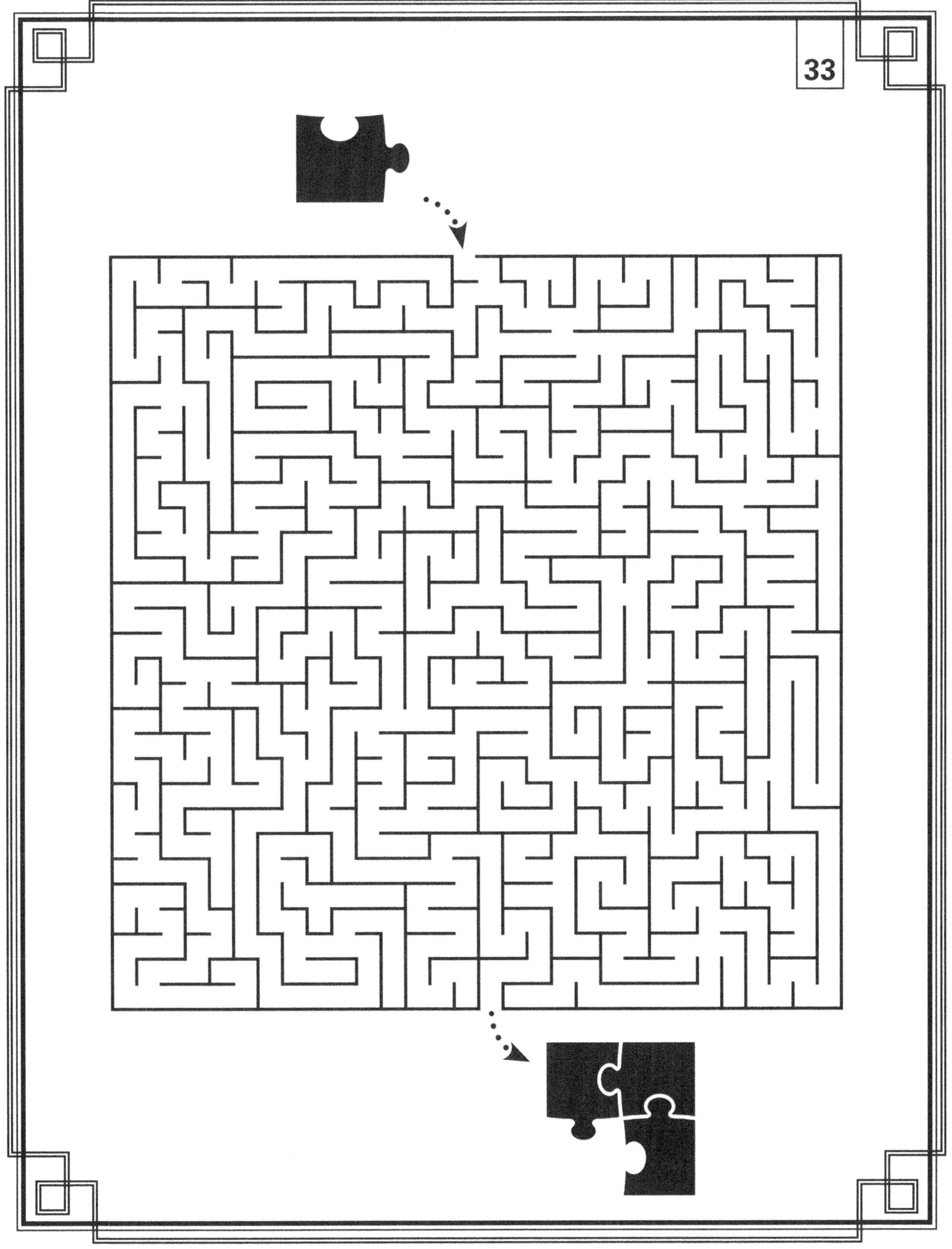

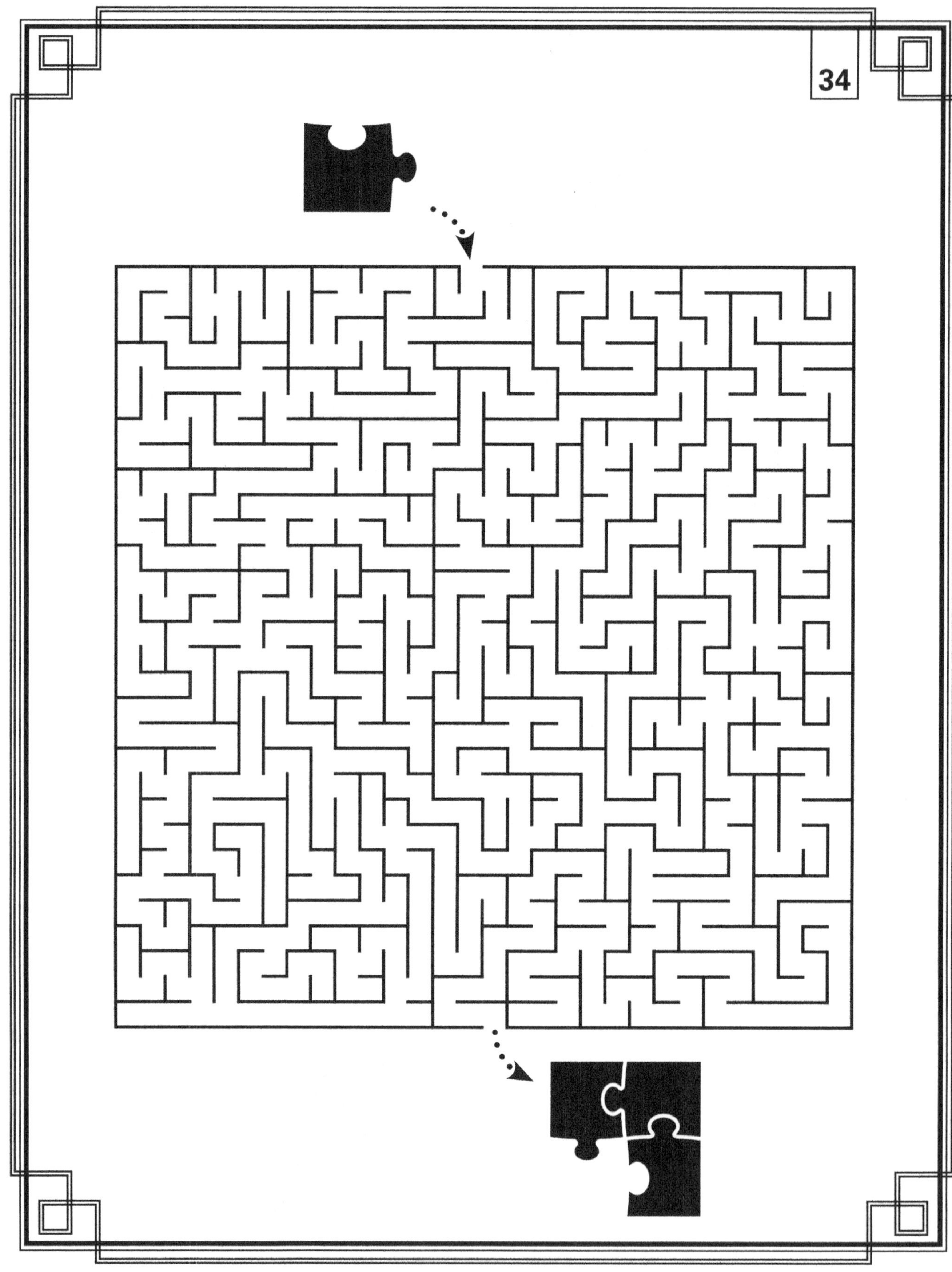

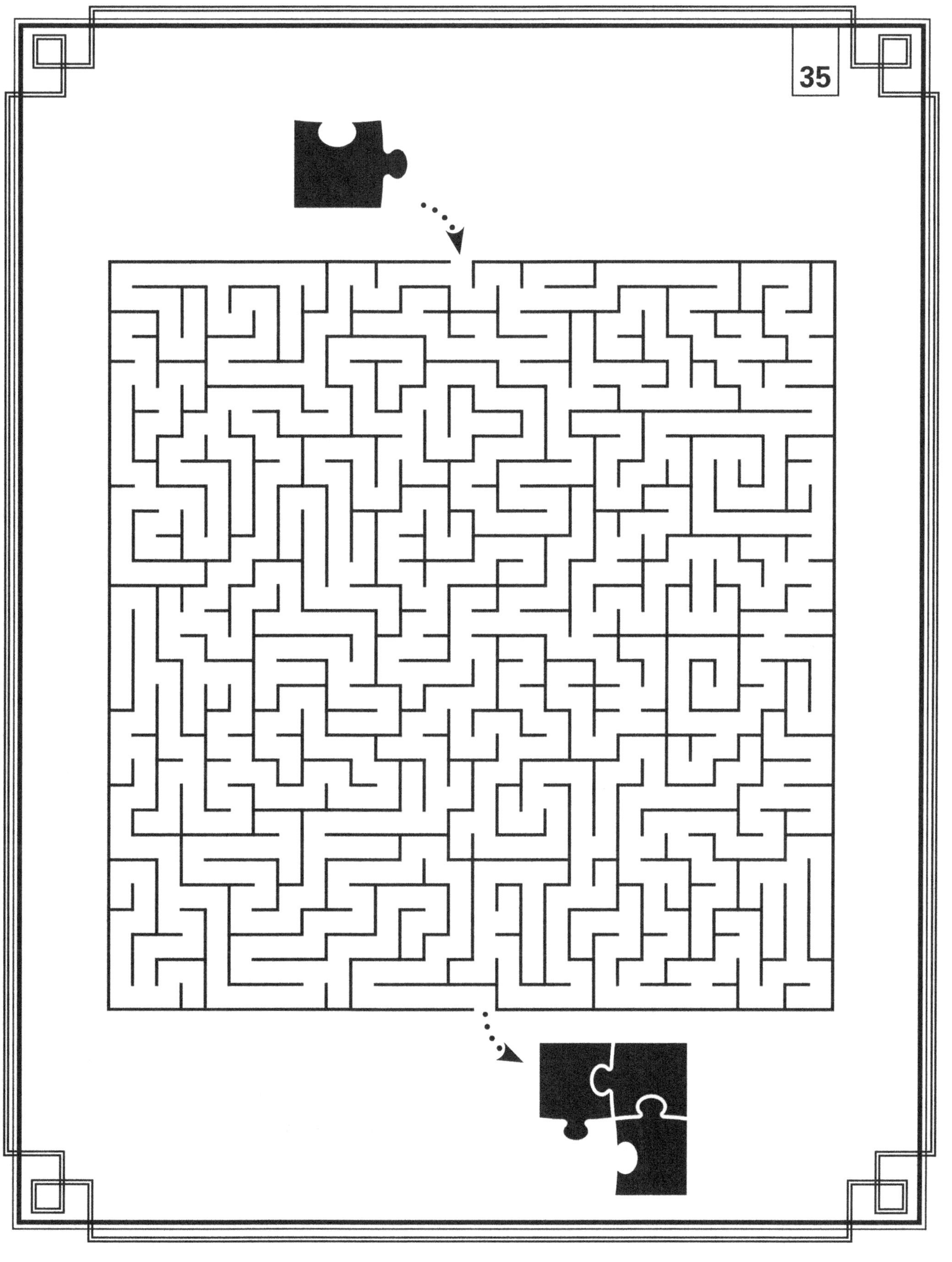

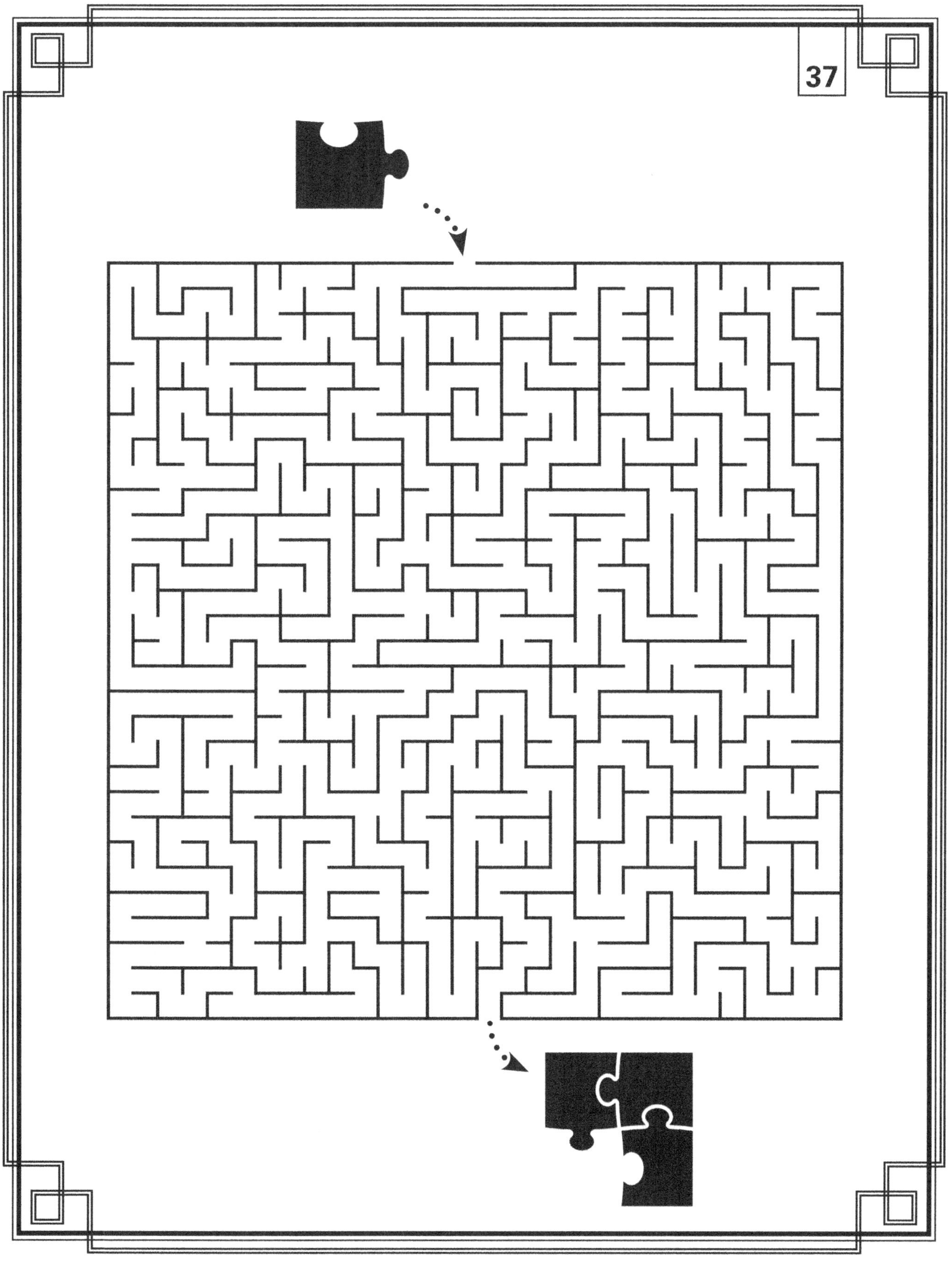

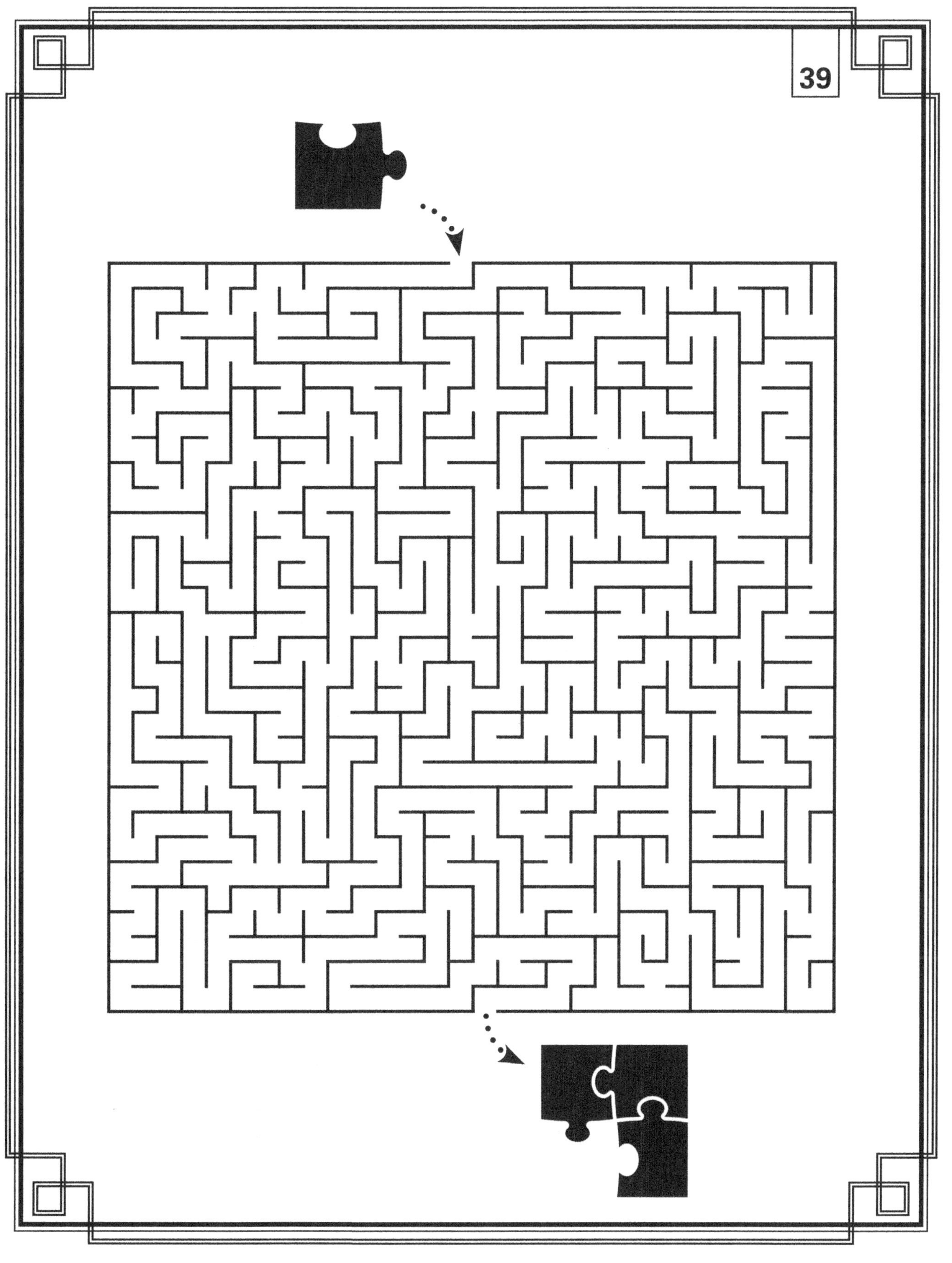

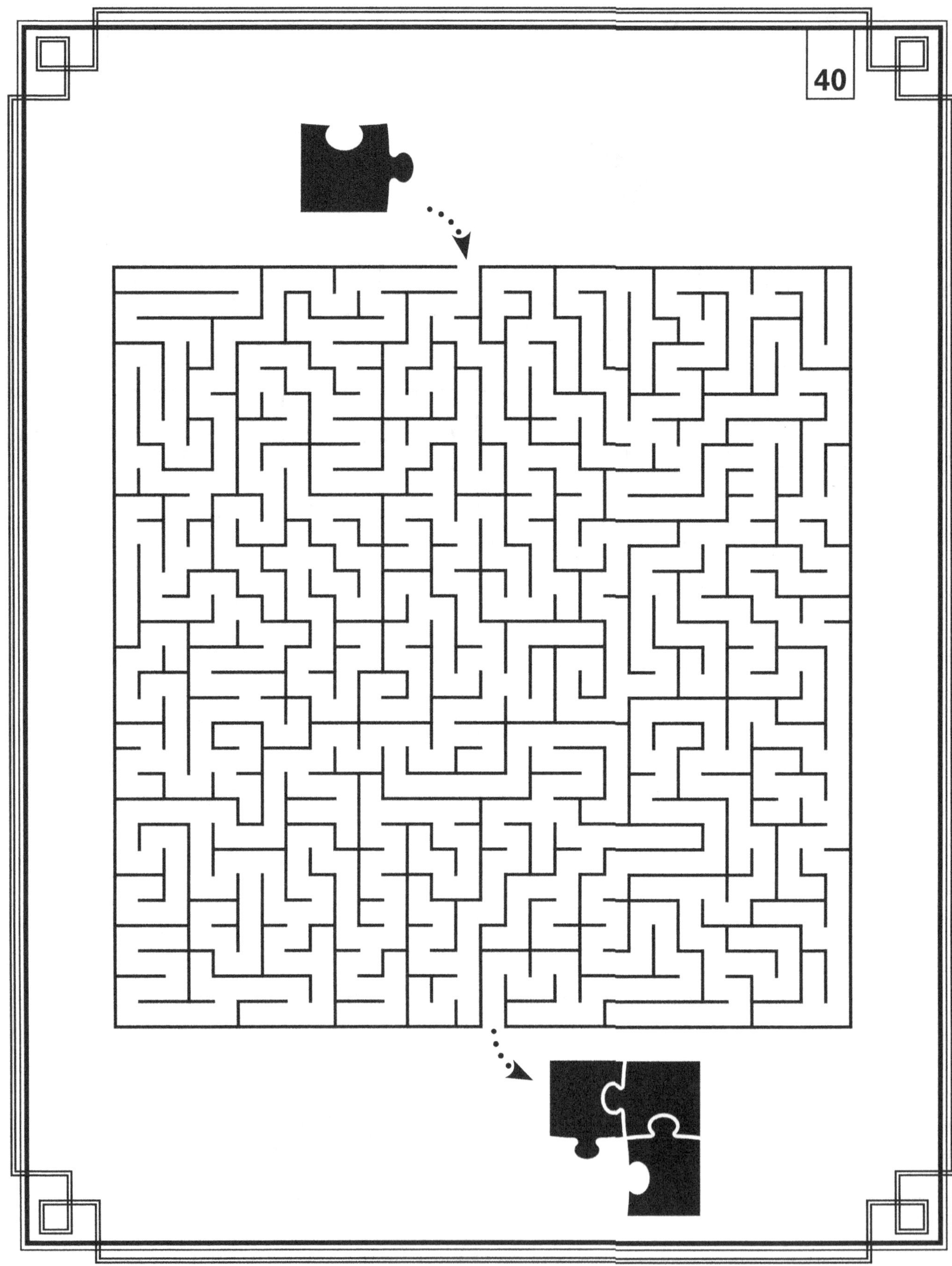

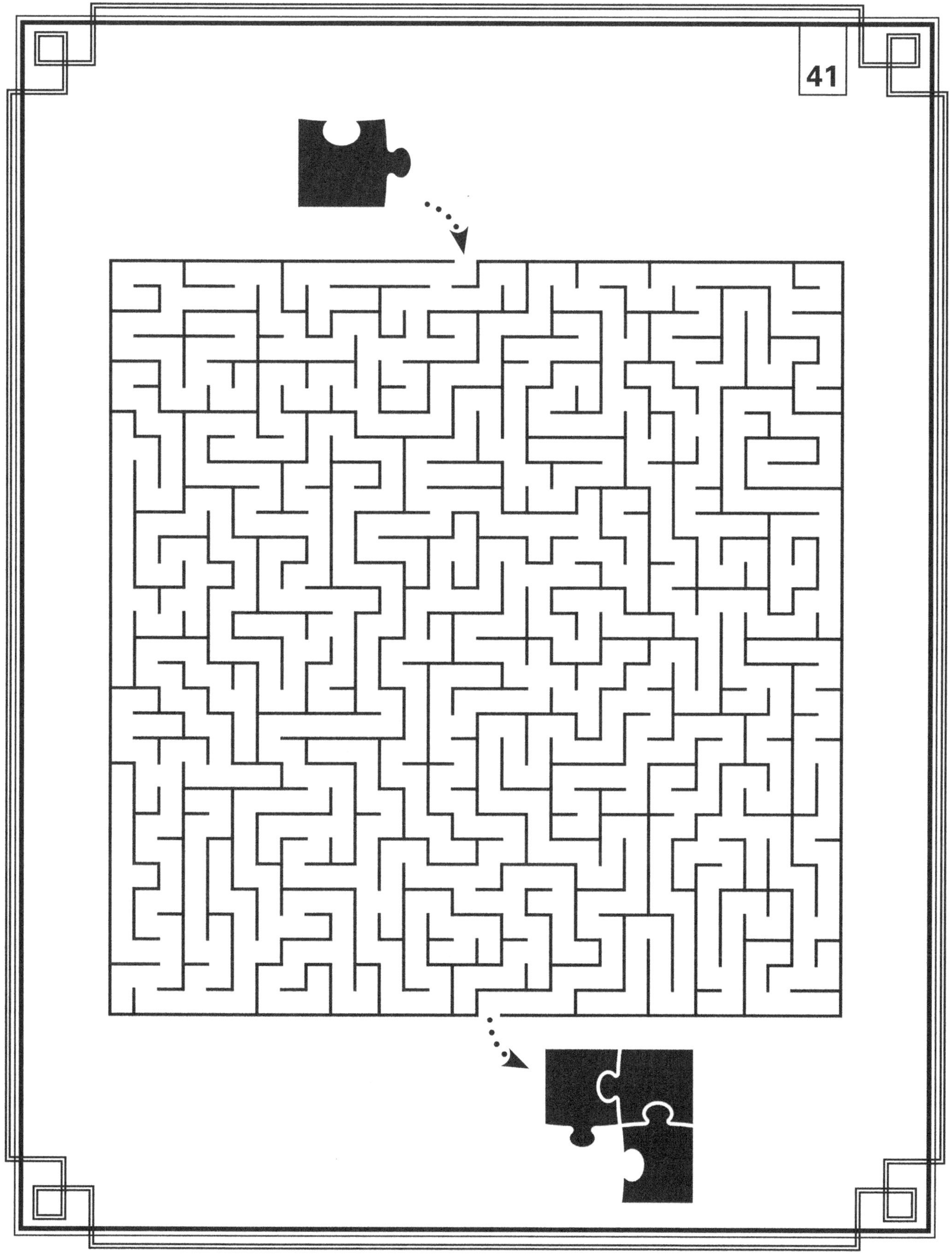

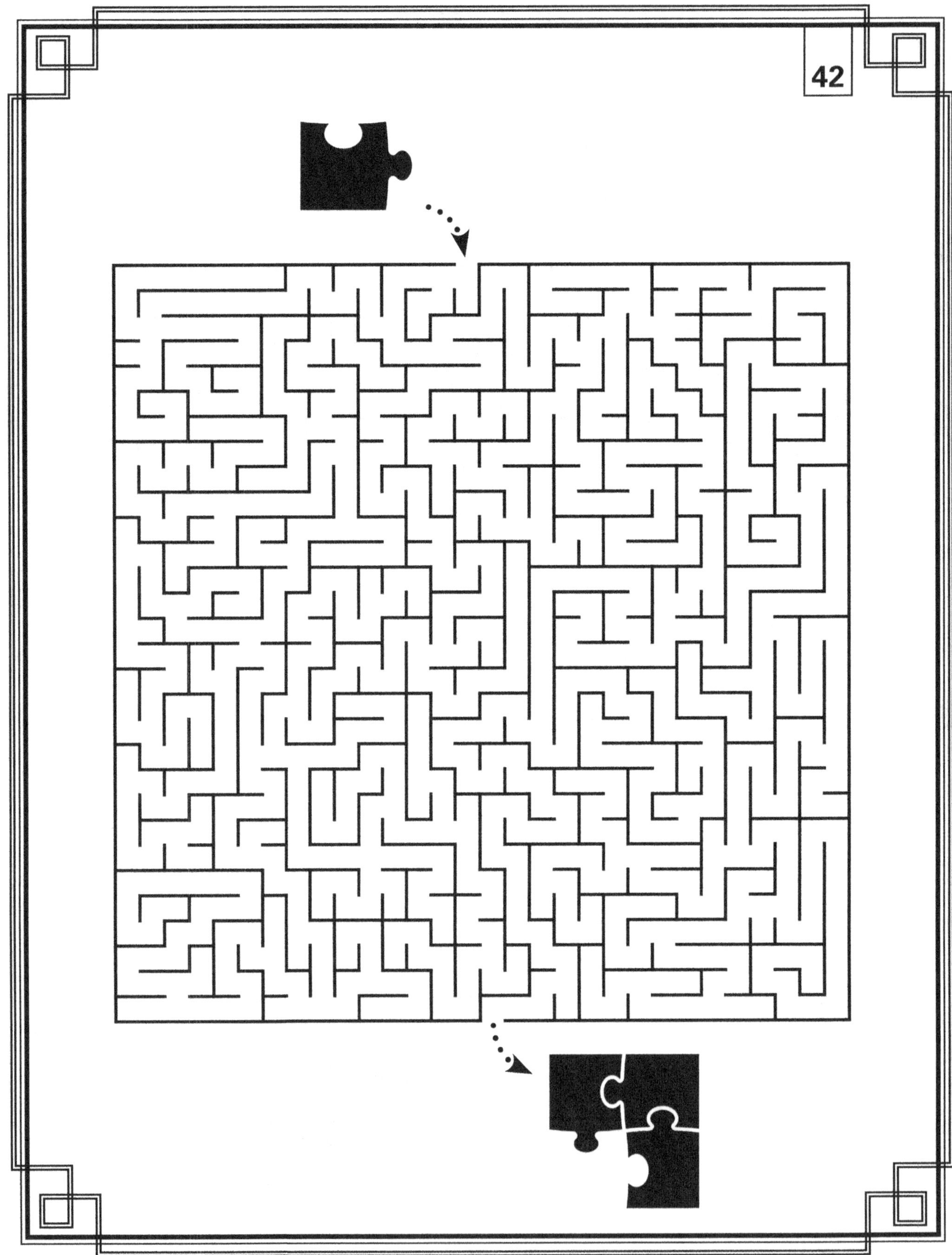

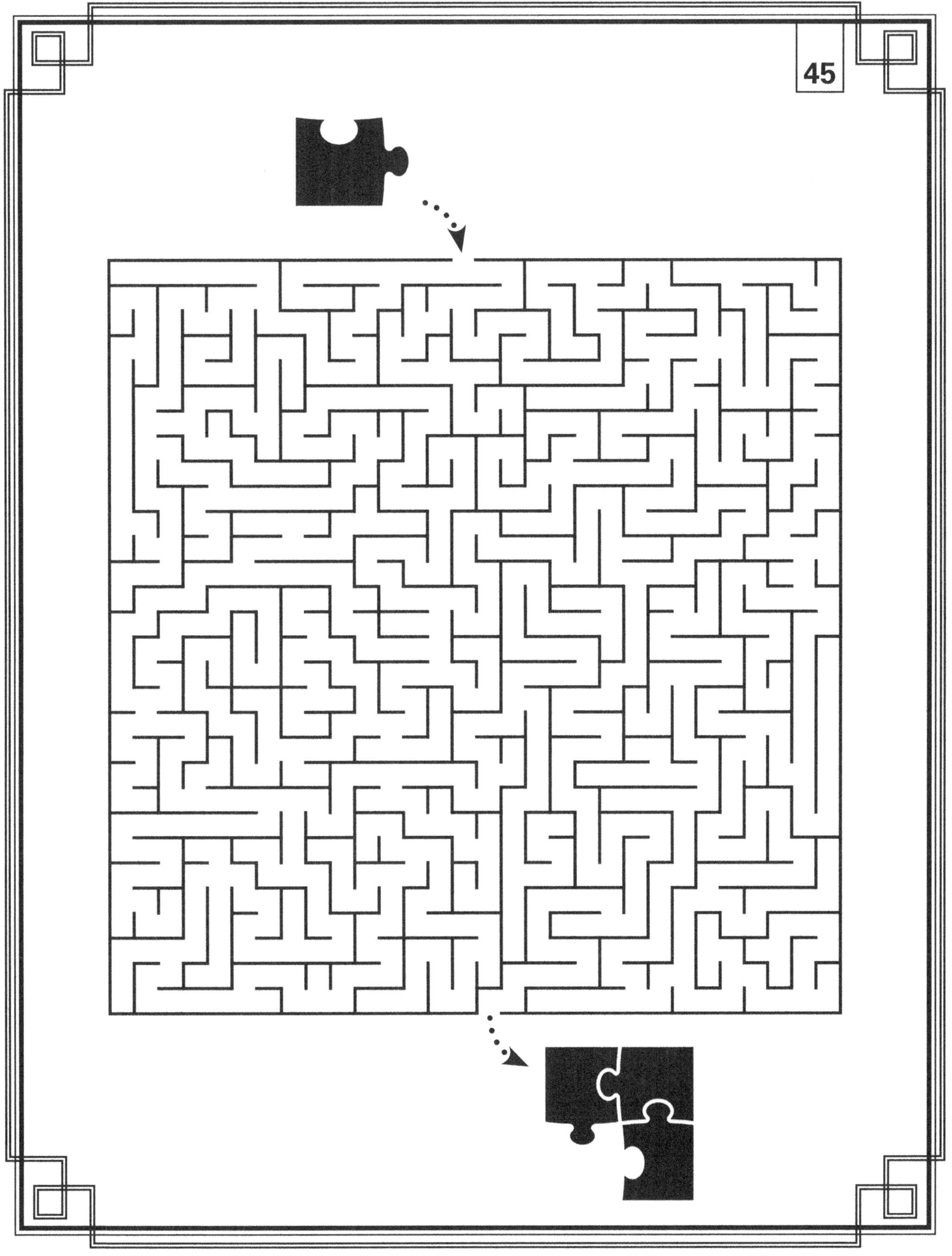

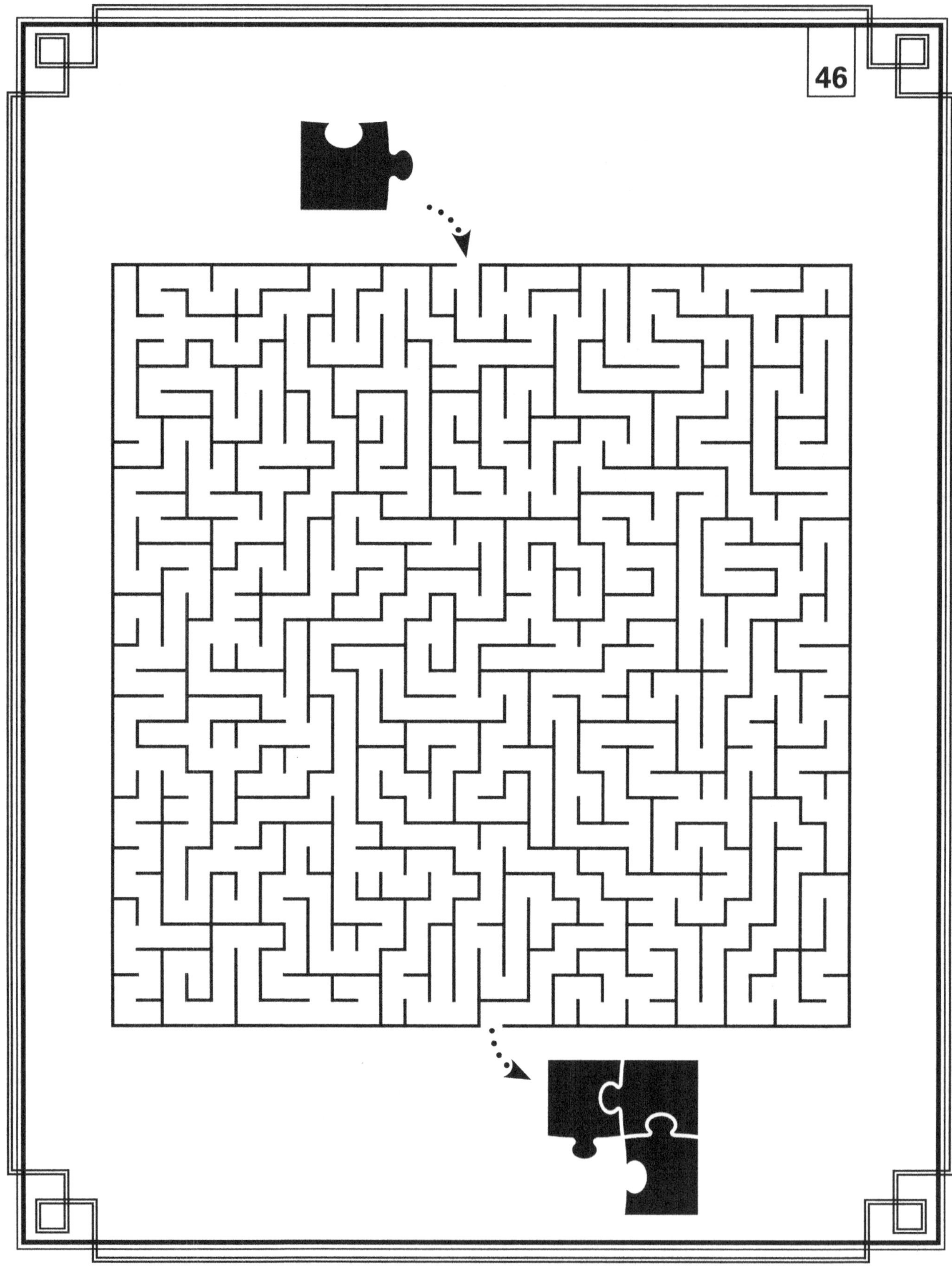

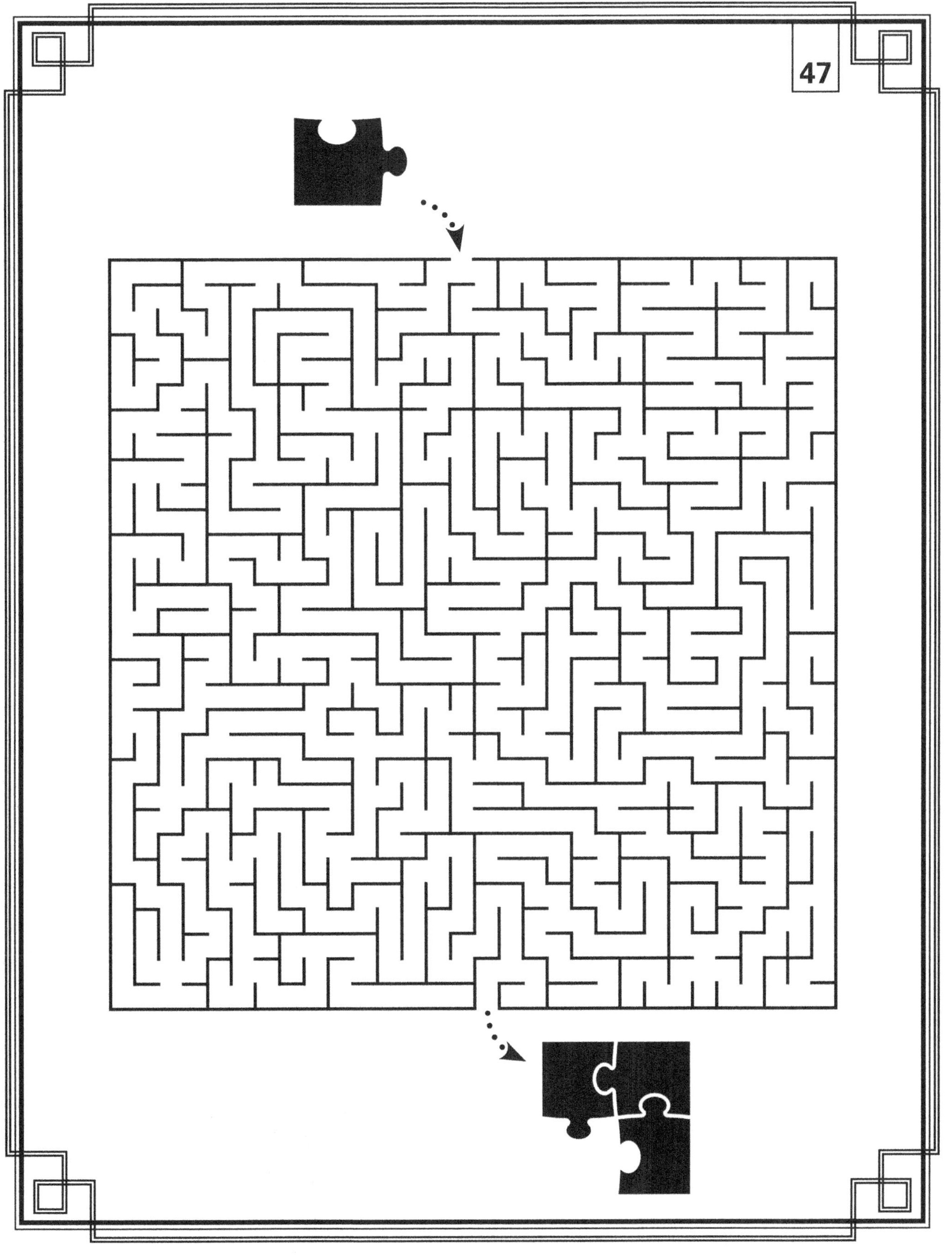

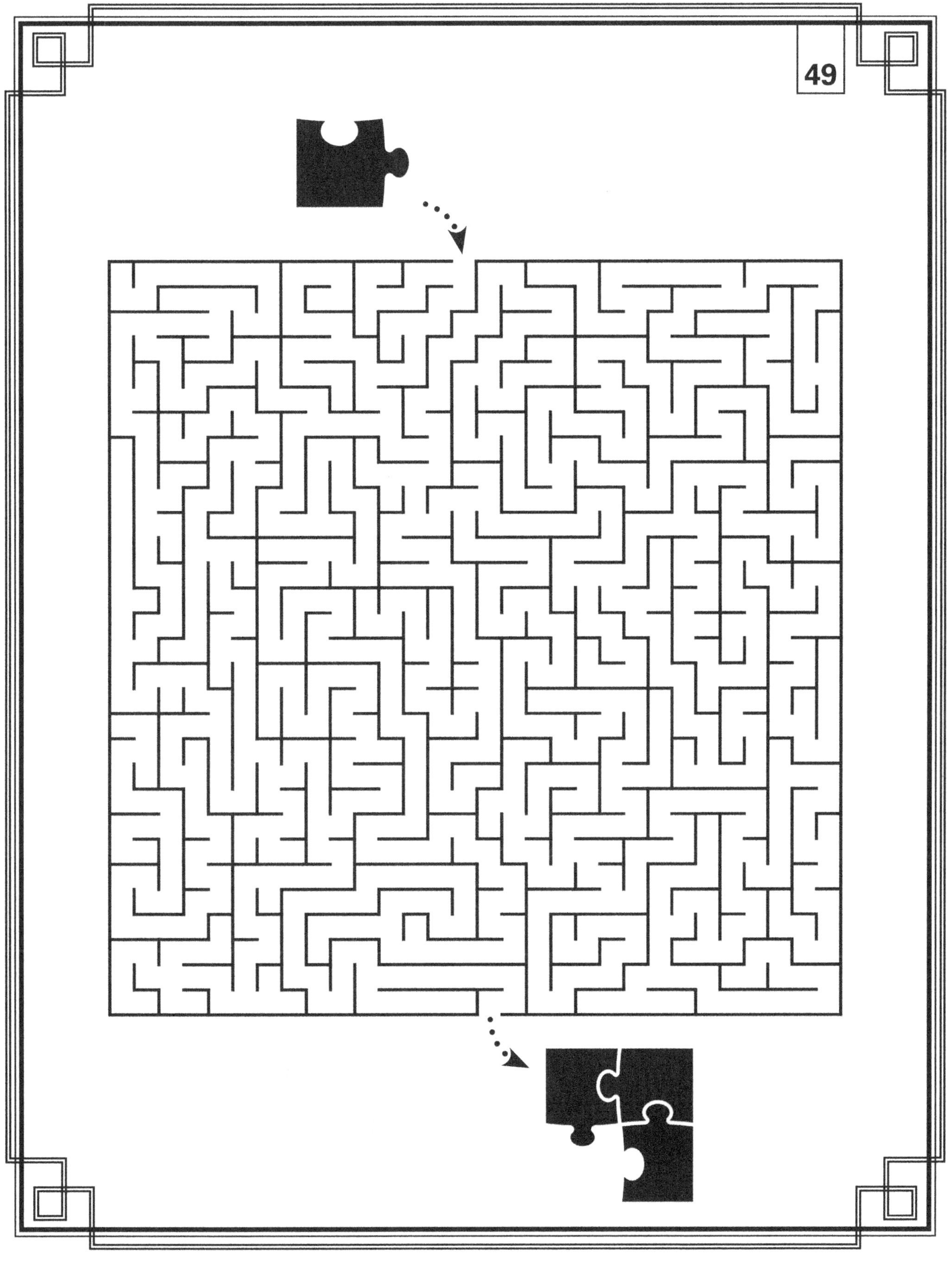

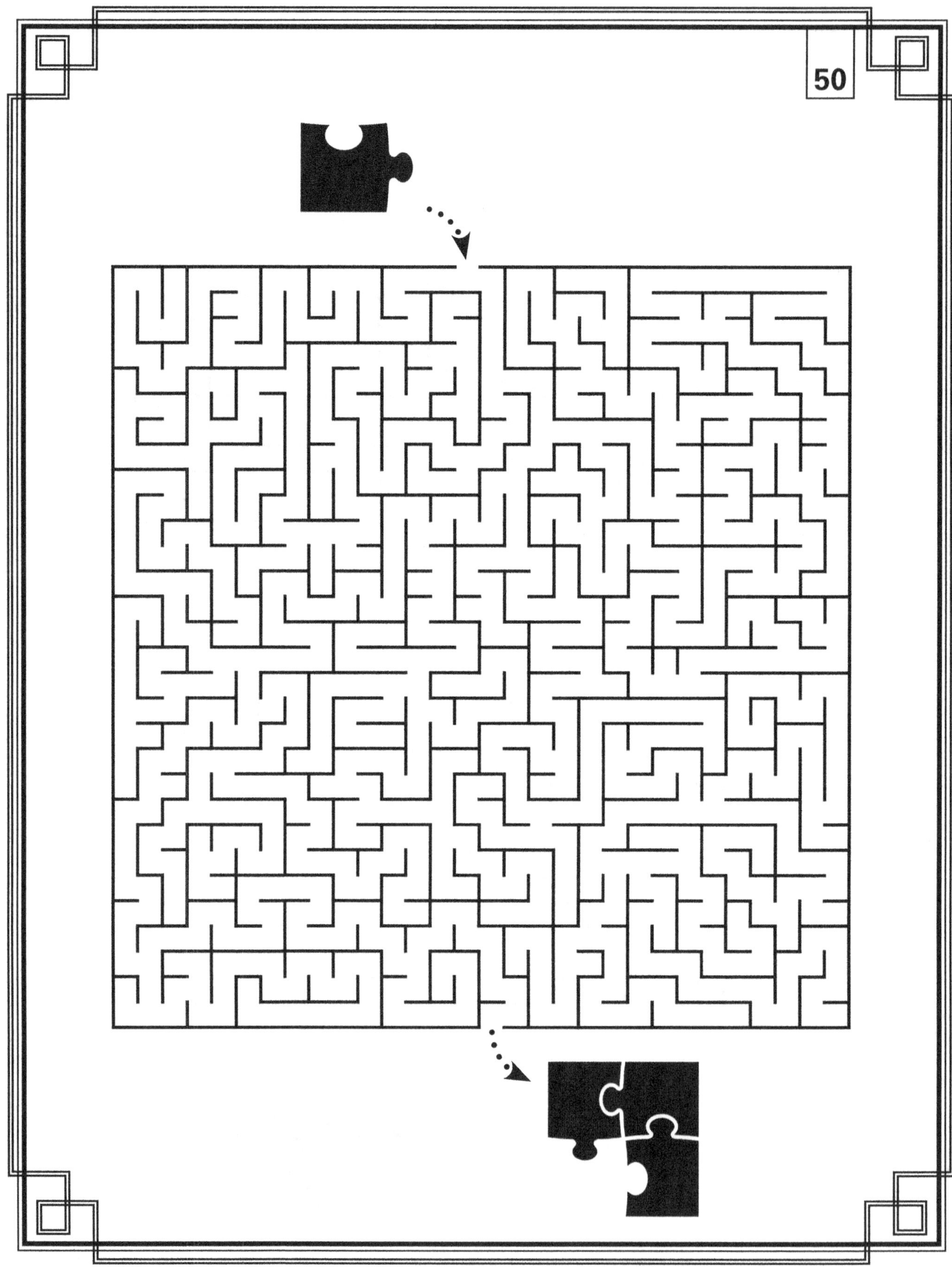

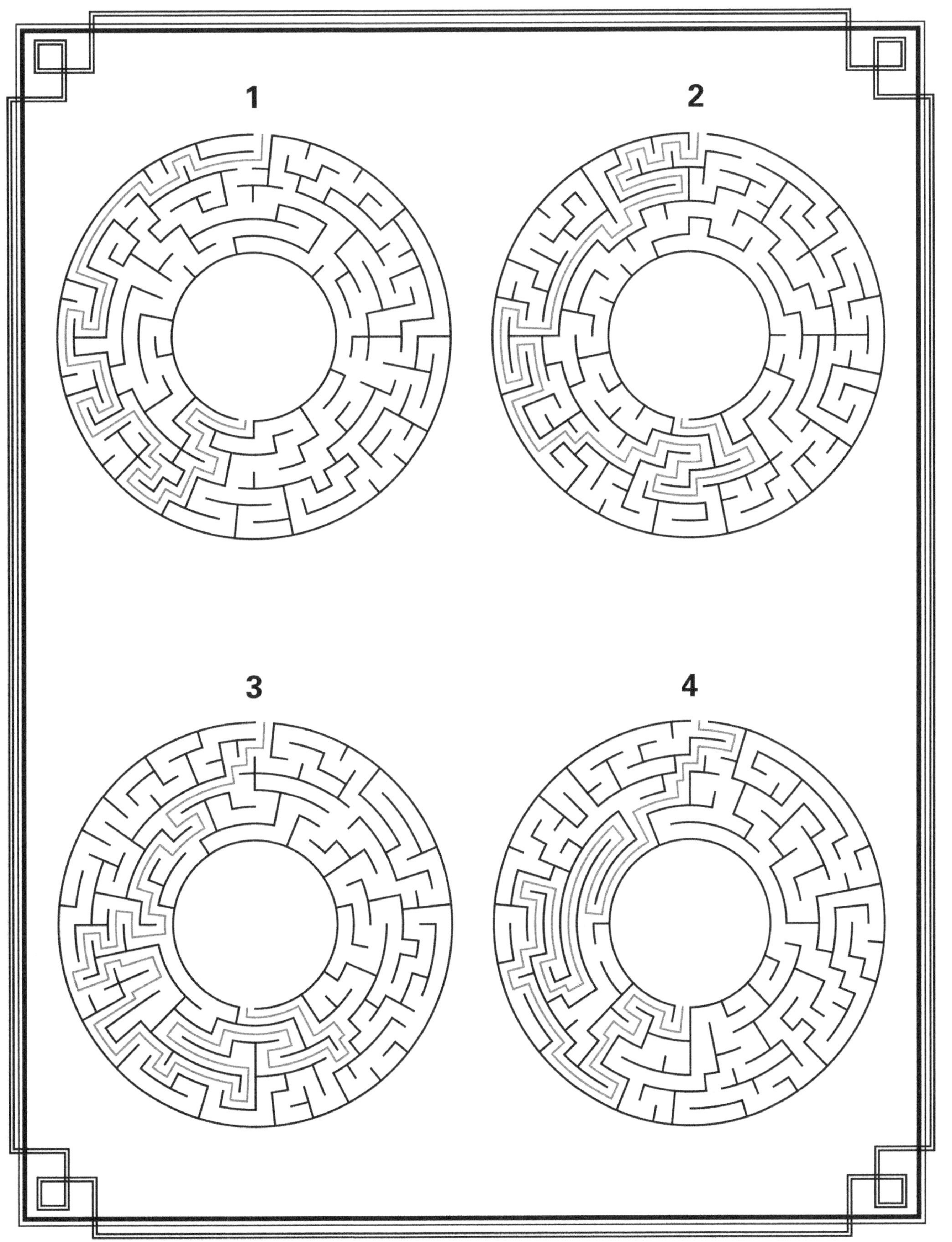

1
2
3
4

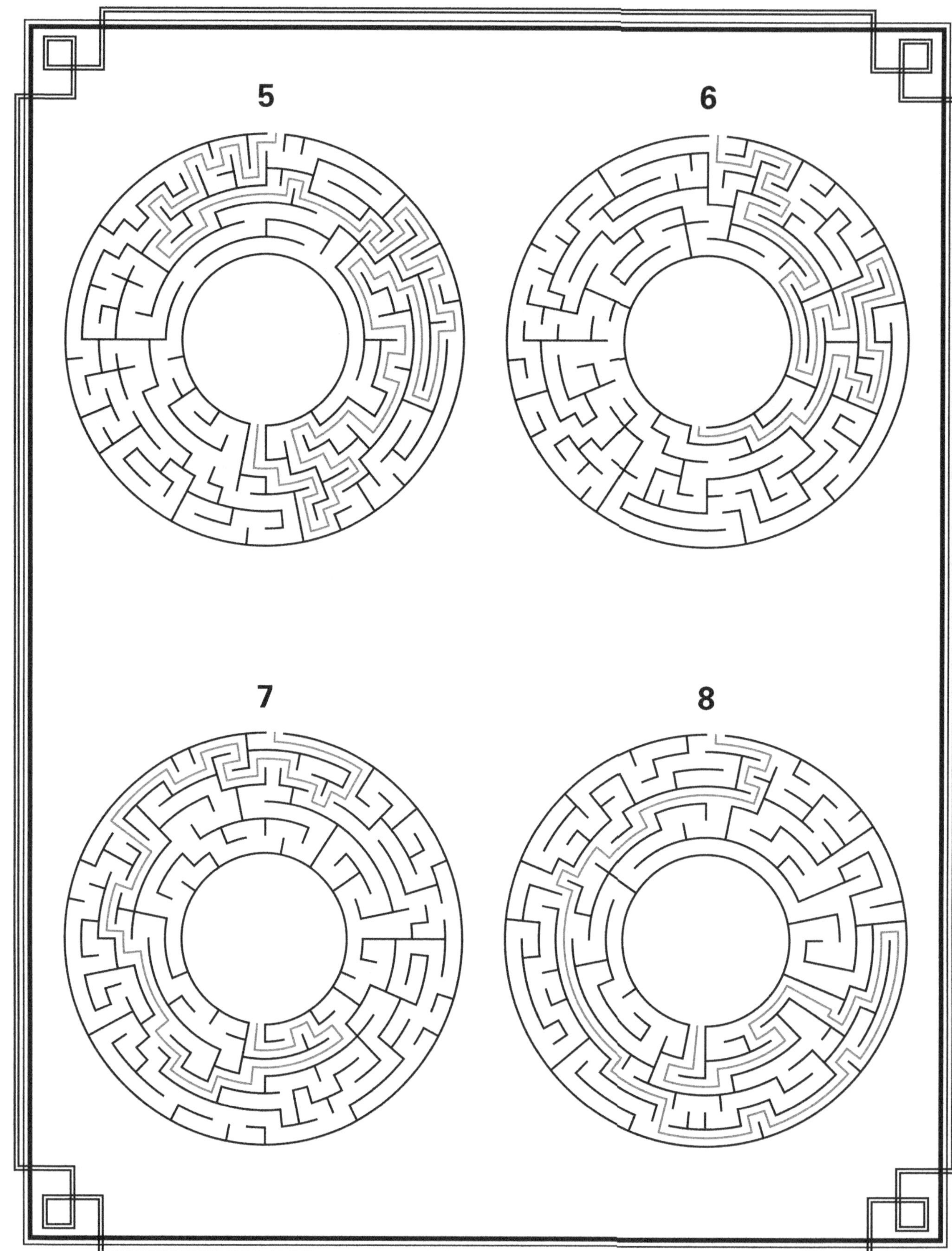

5
6
7
8

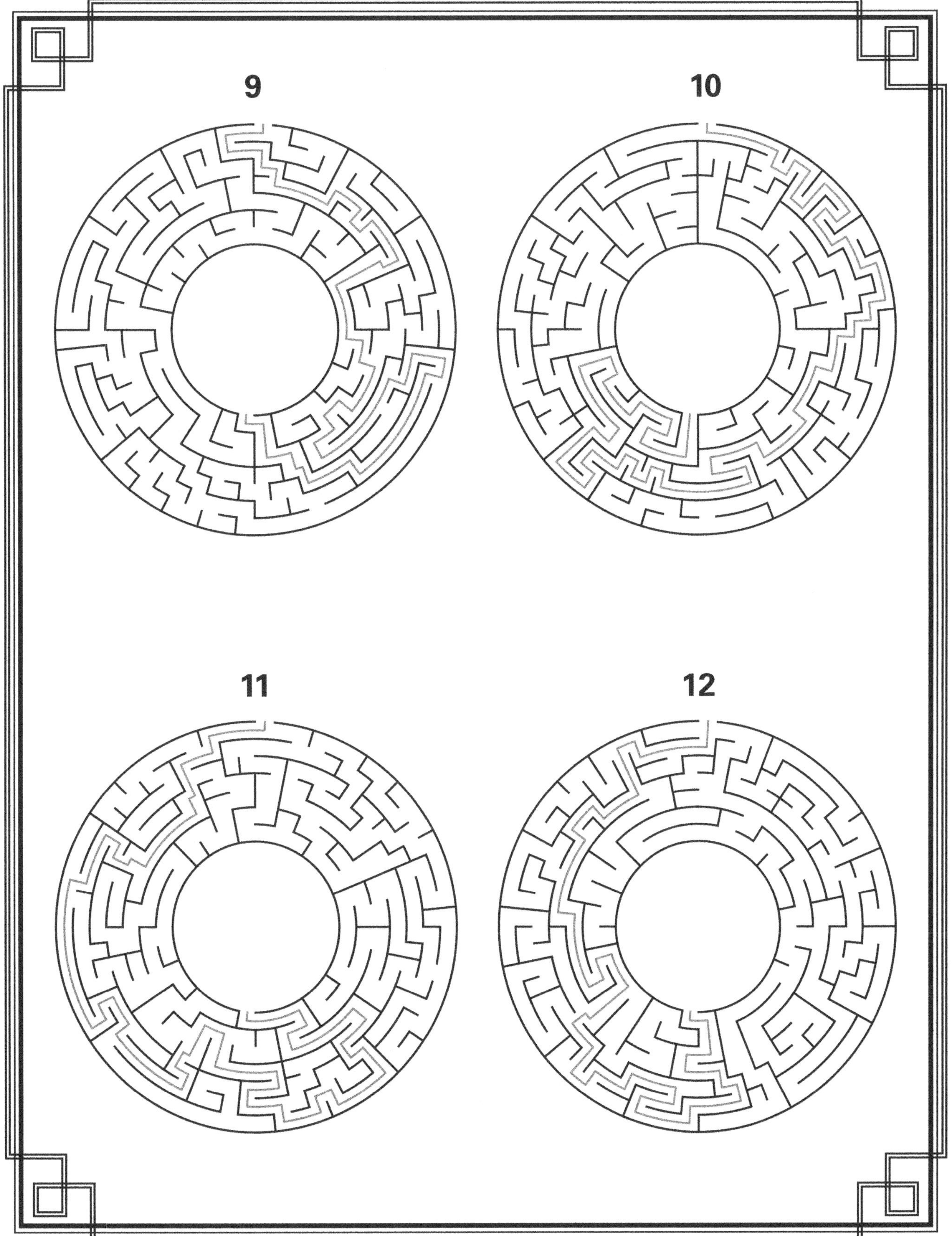

9
10
11
12

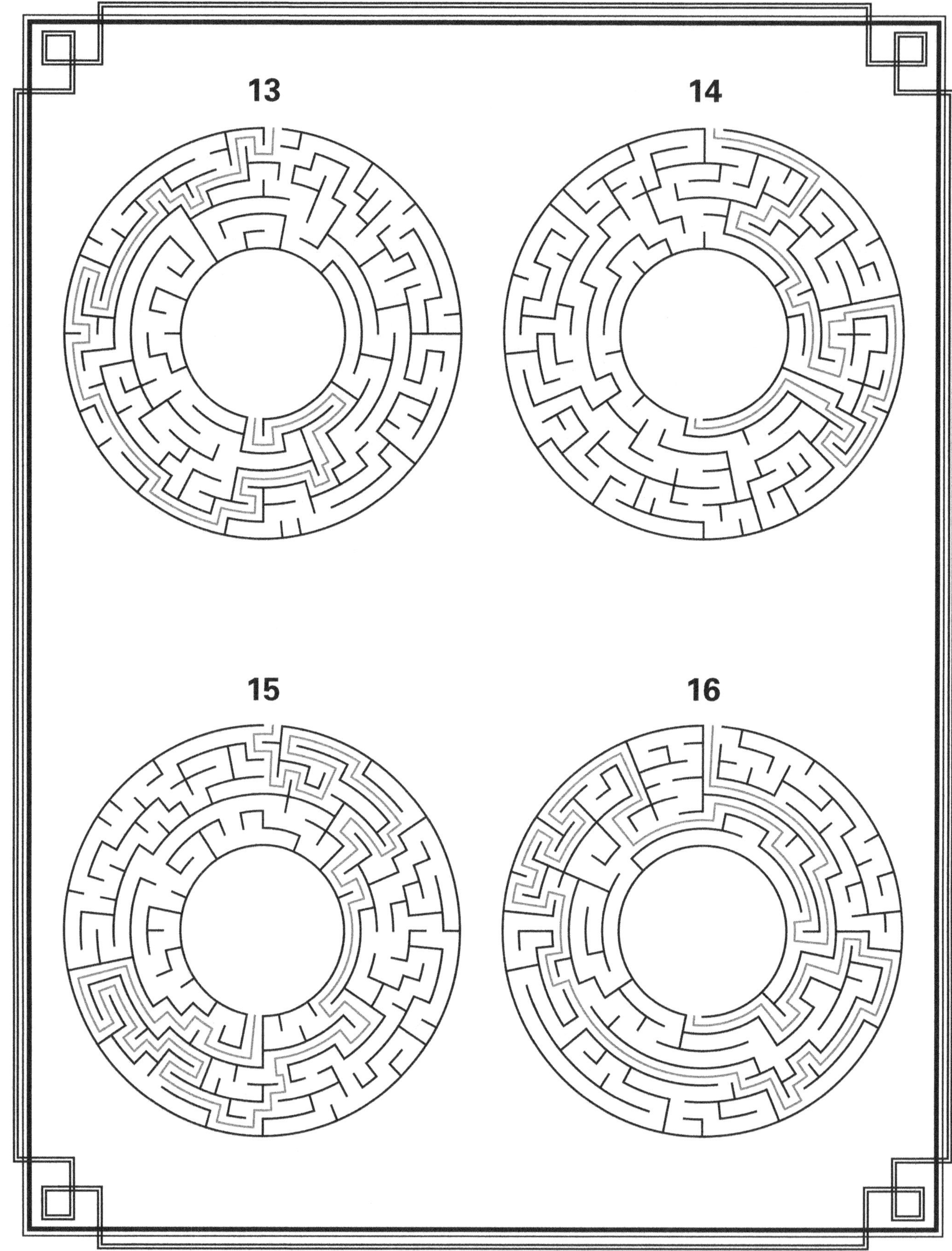

13
14
15
16

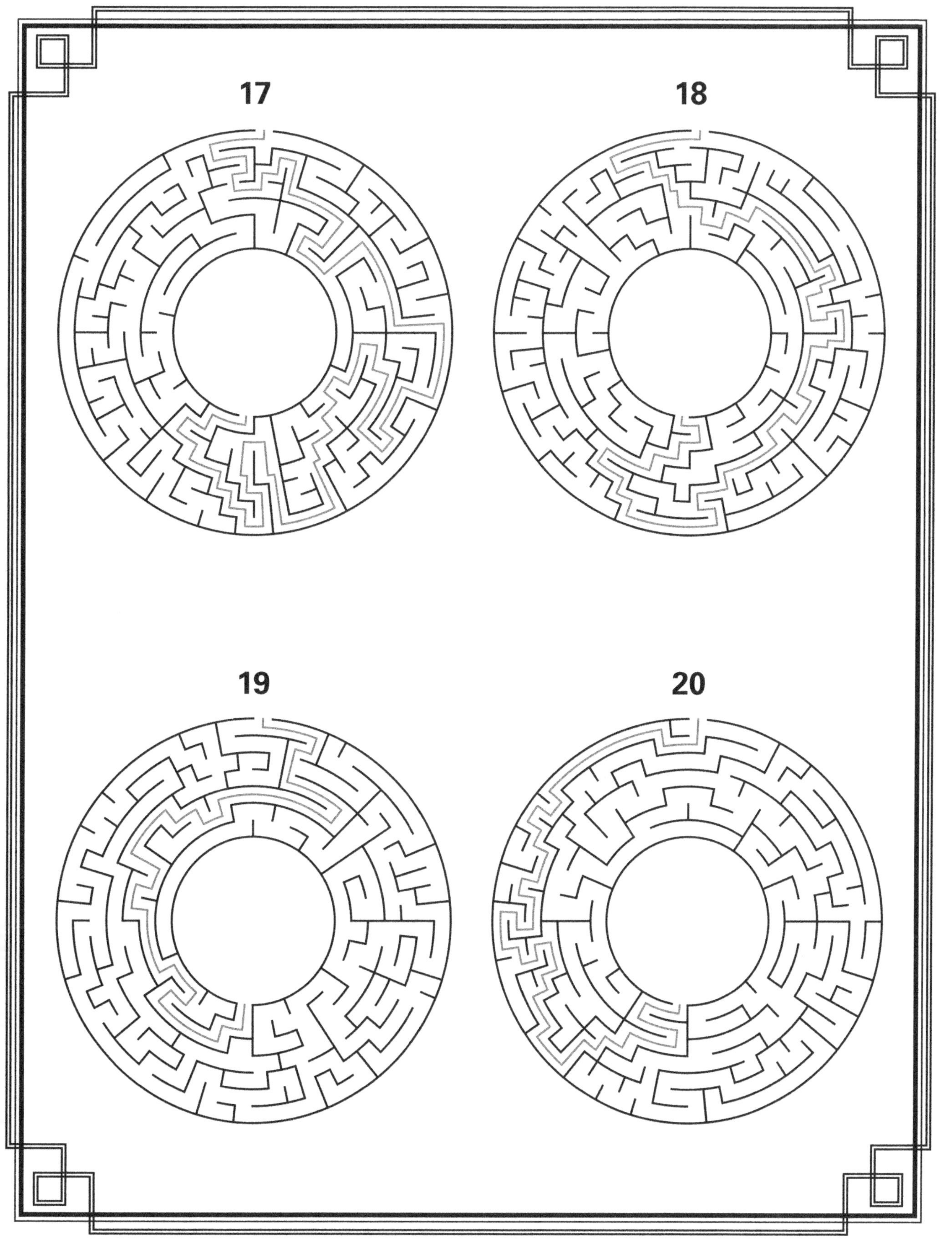

17
18
19
20

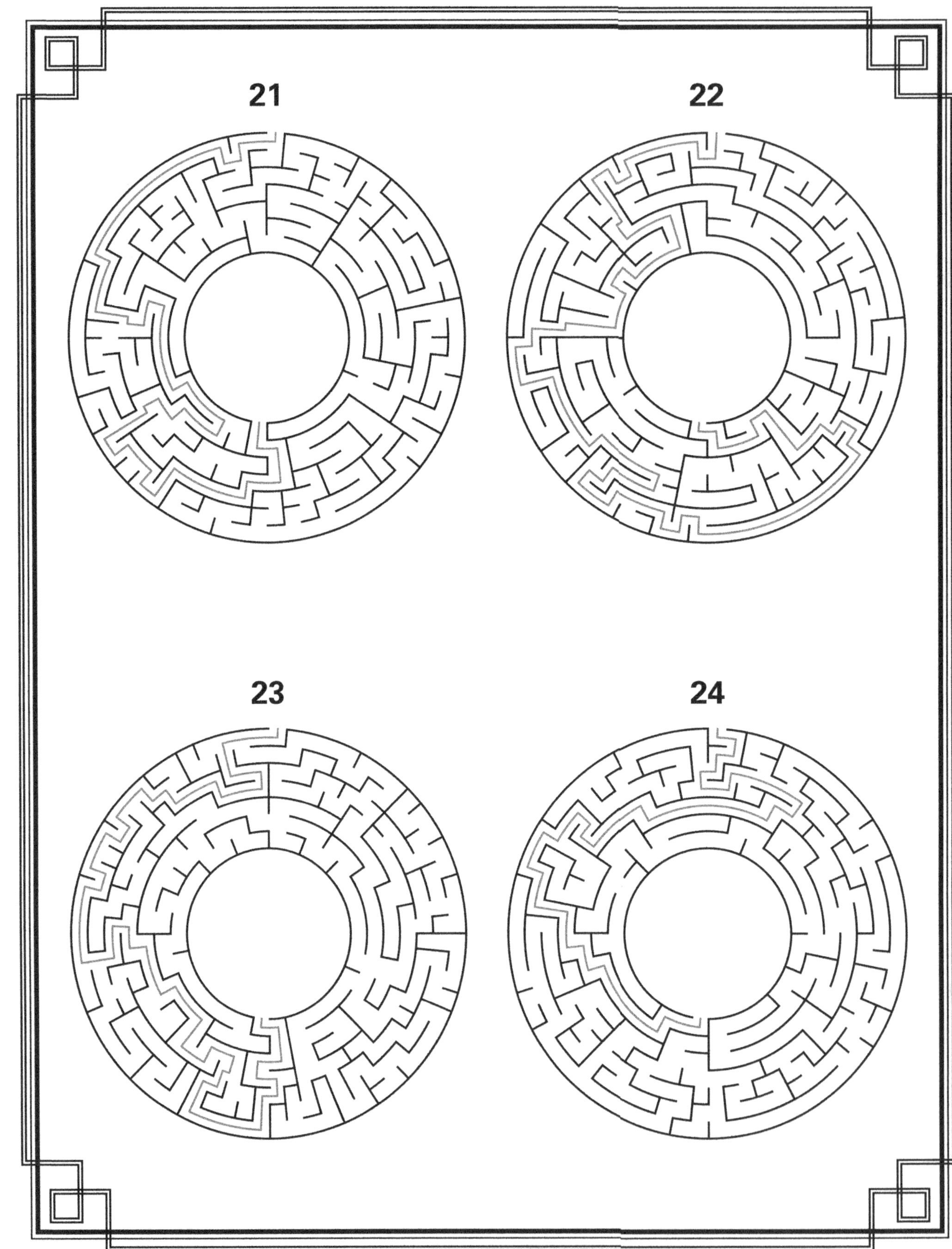

21
22
23
24

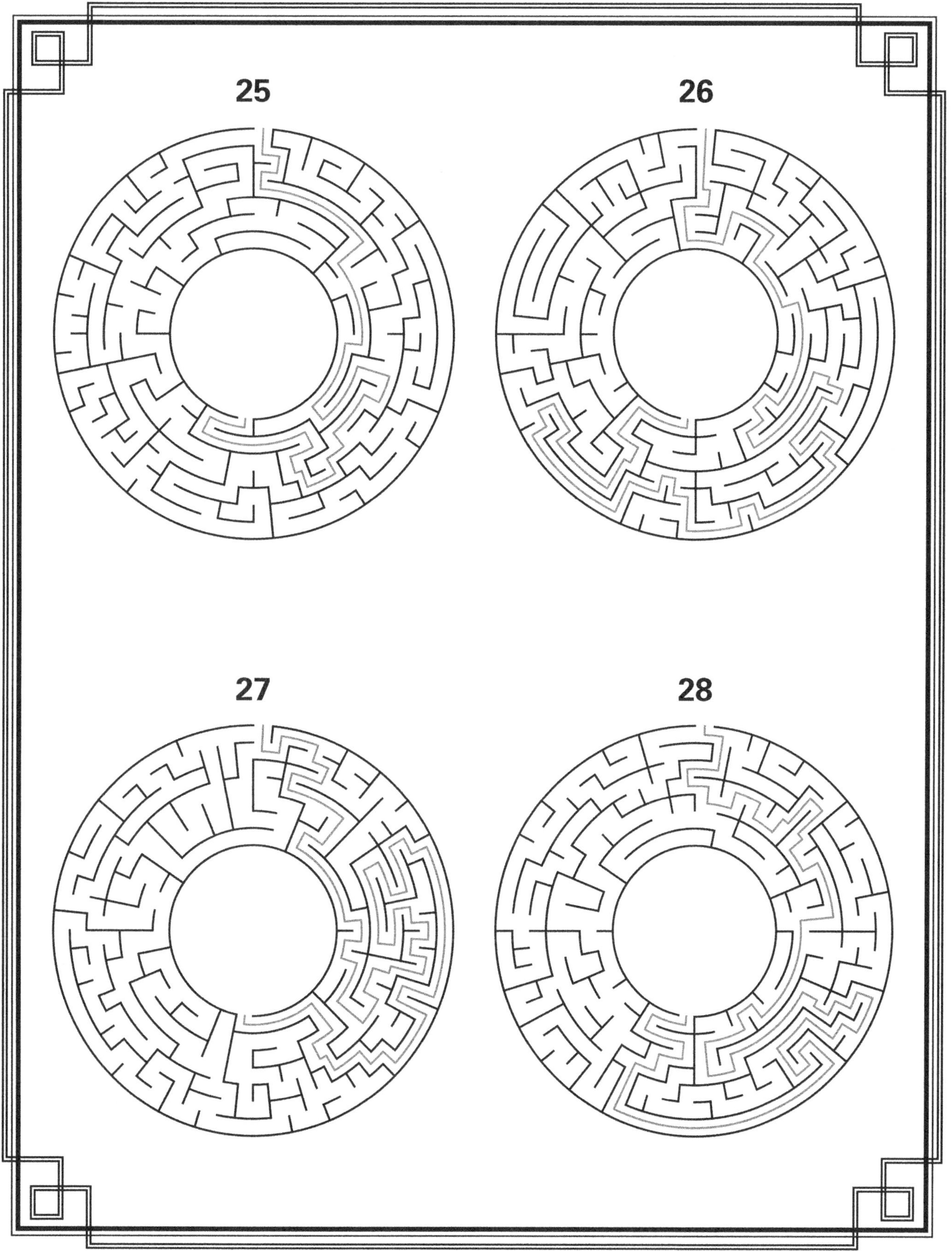

25
26
27
28

29

30

31

32

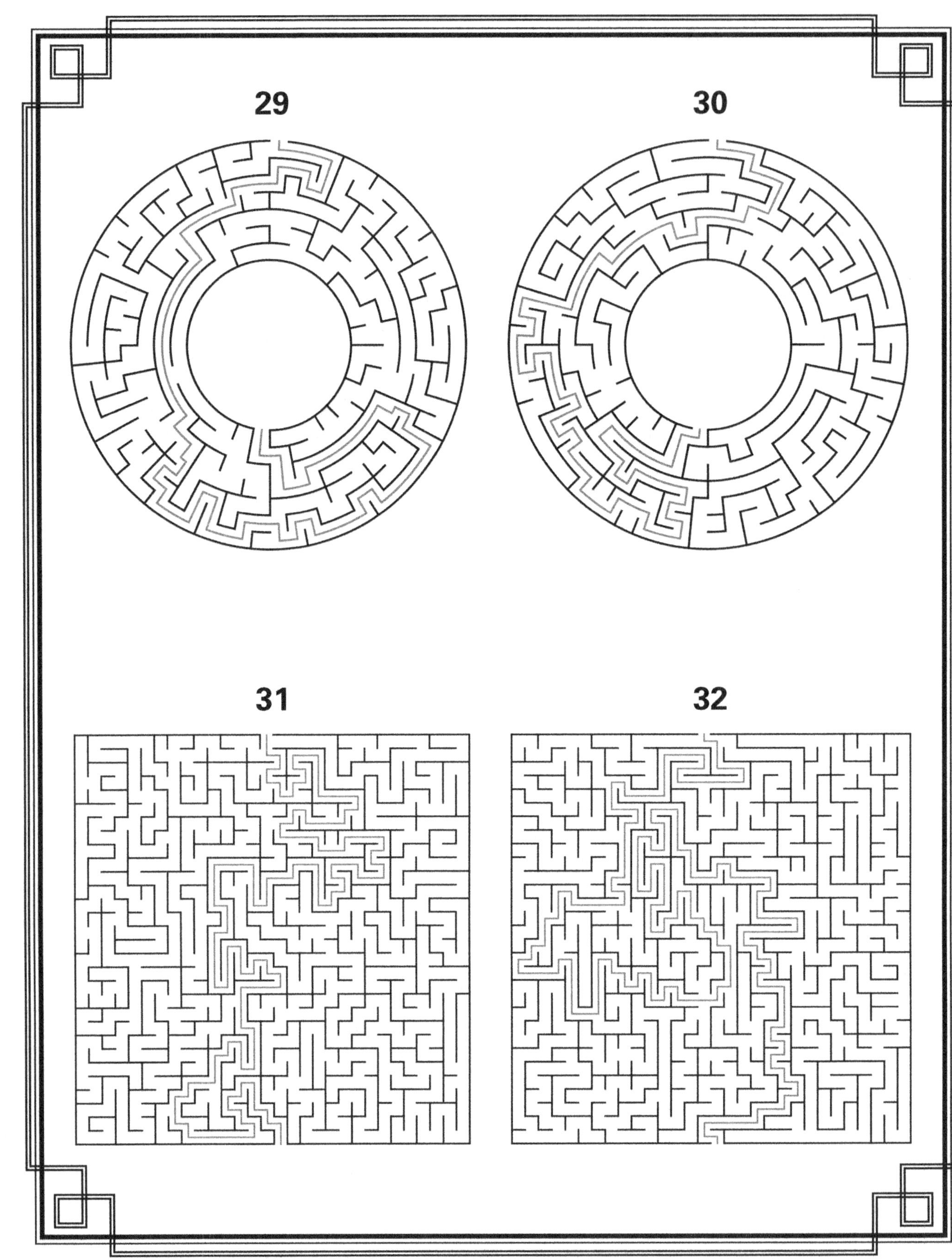

33　　　　**34**

35　　　　**36**

37

38

39

40

41

42

43

44

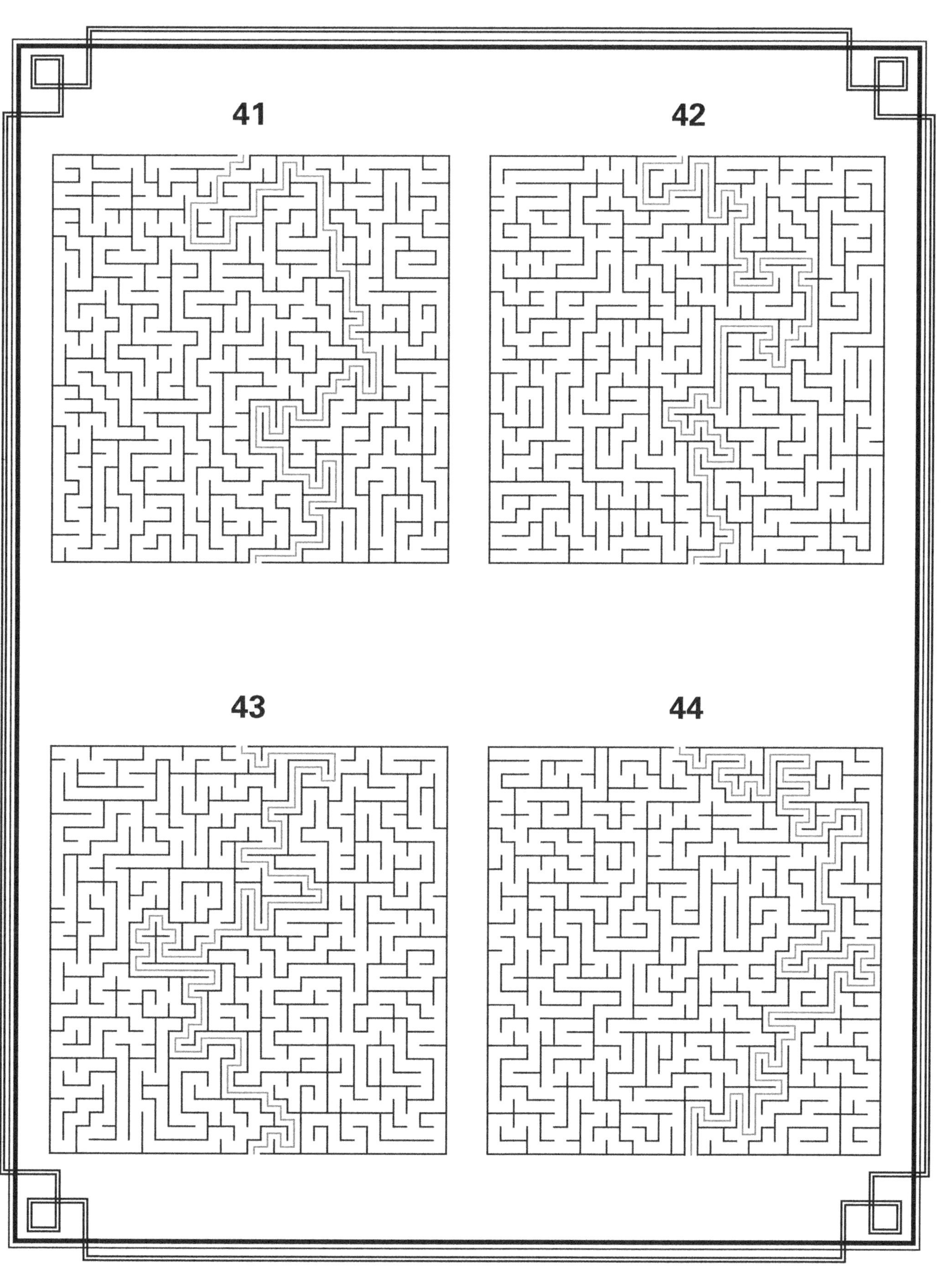

45

46

47

48

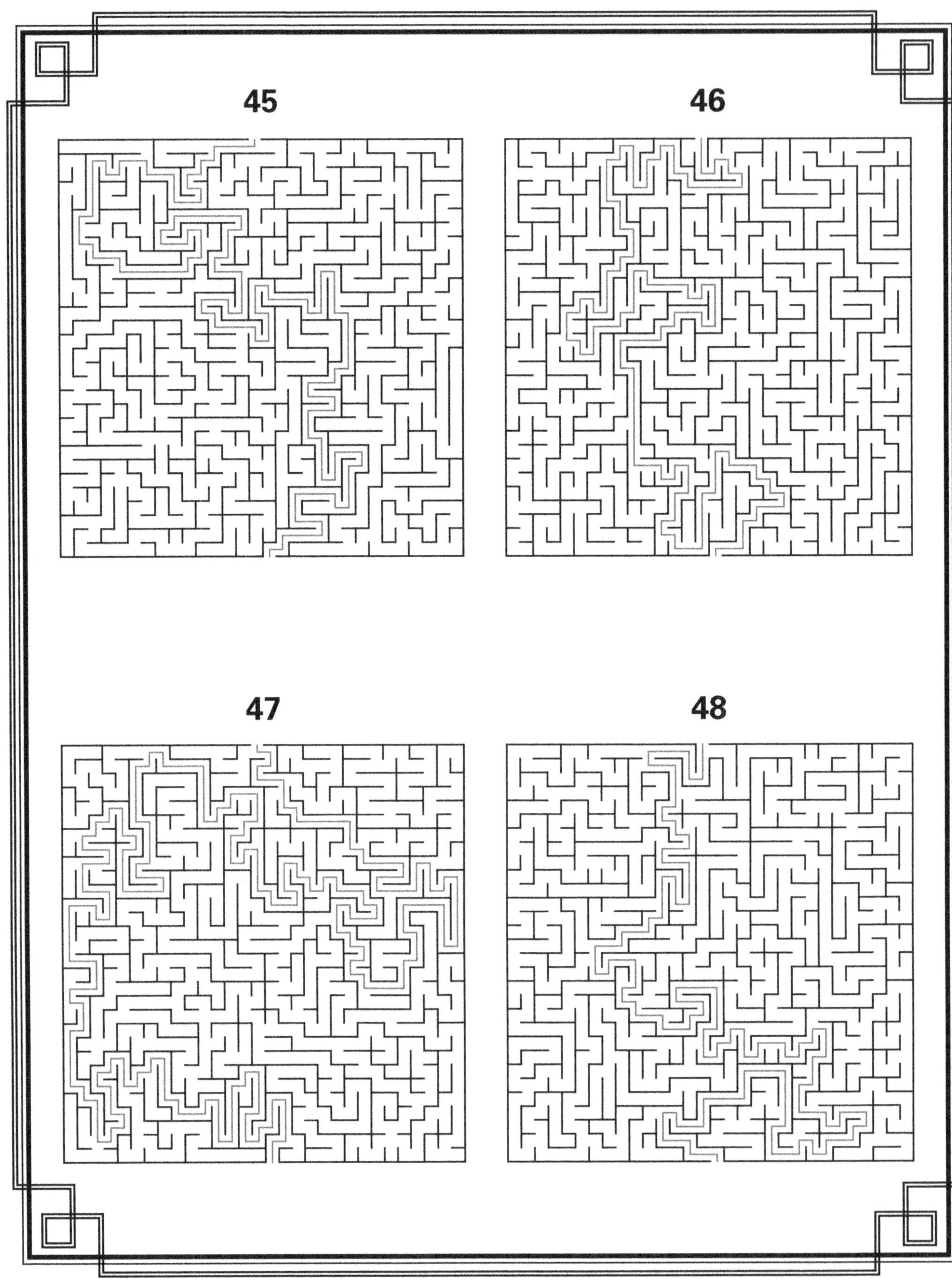

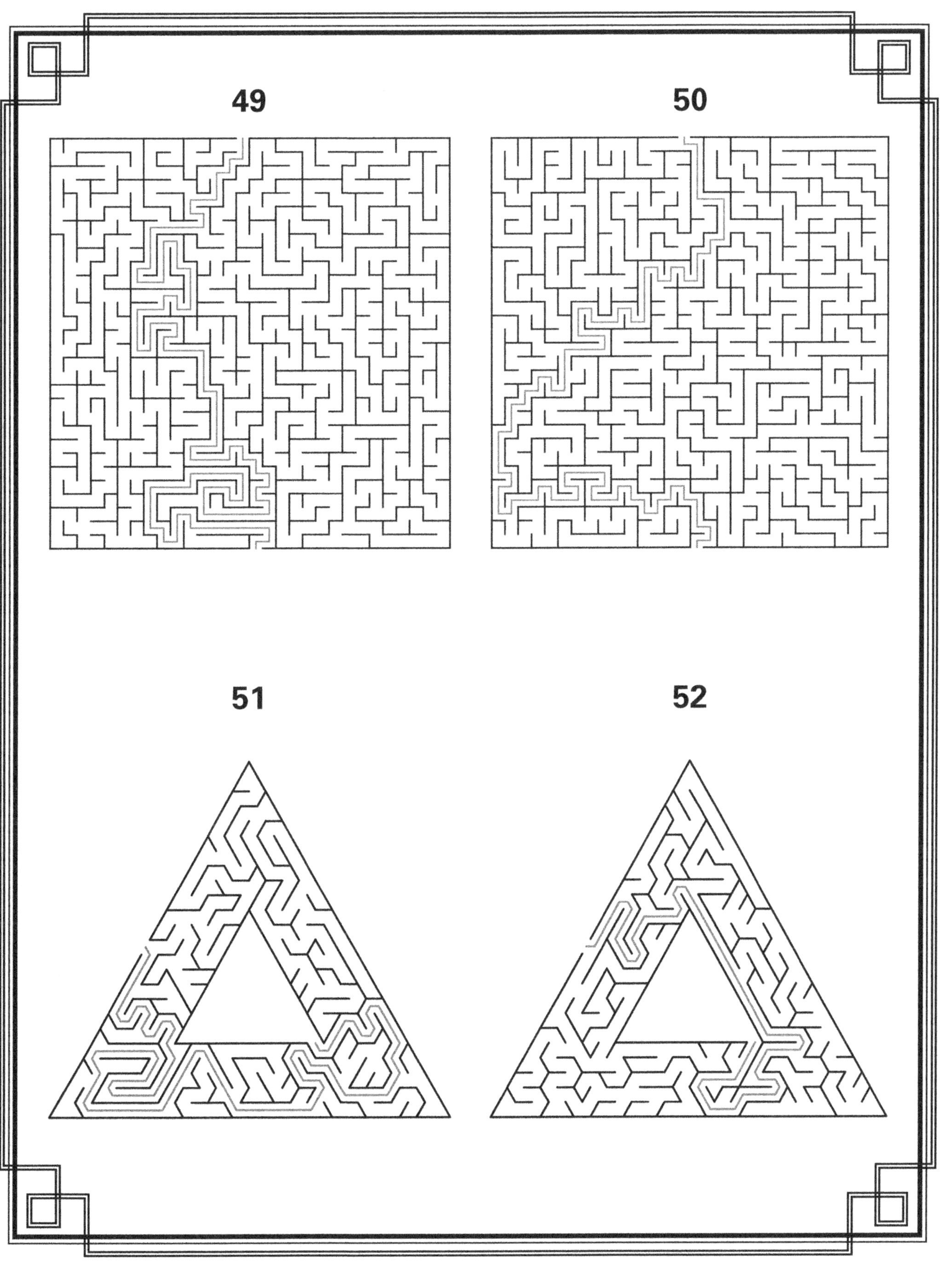

49
50
51
52

53

54

55

56

57 58

59 60

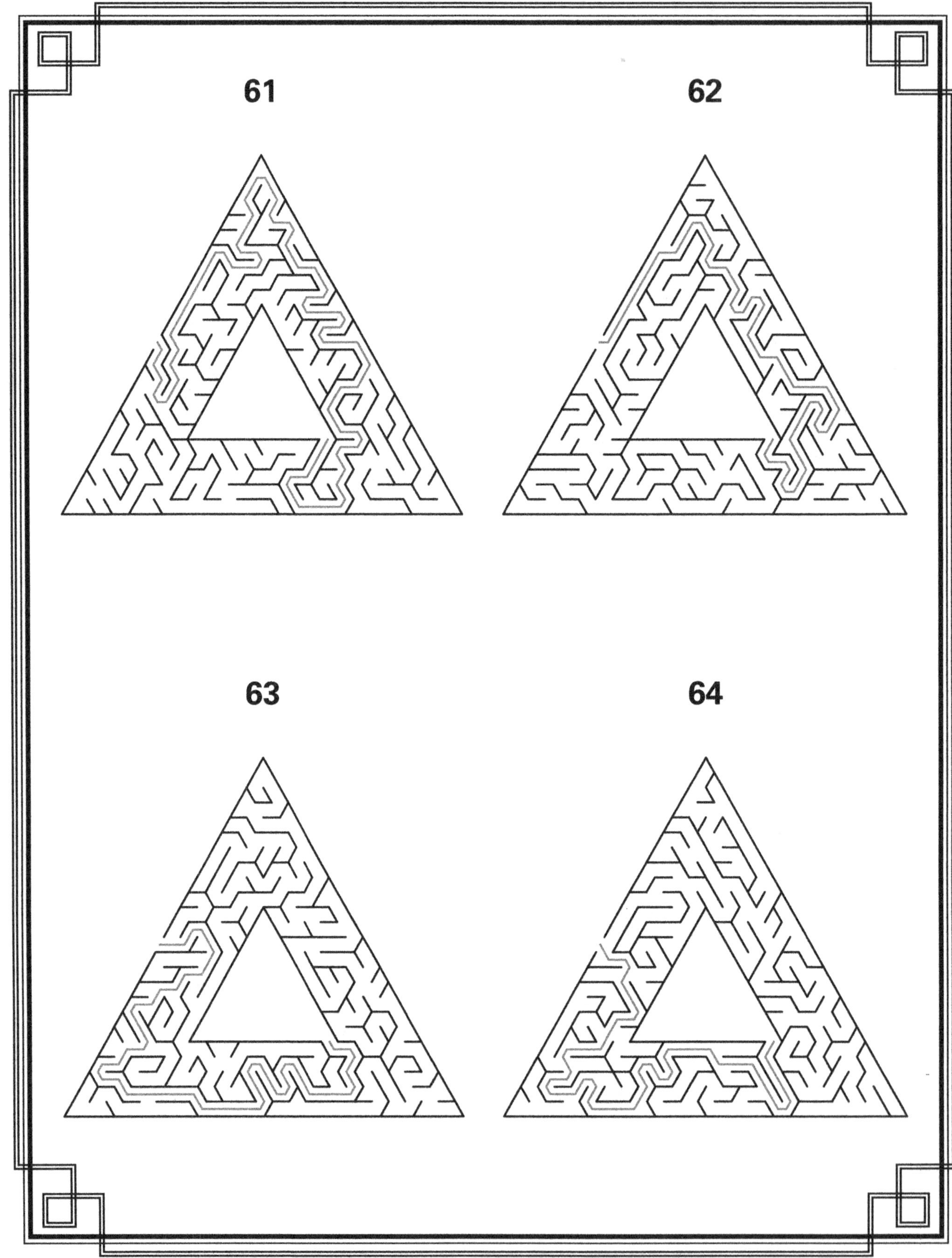

61
62
63
64

65
66
67
68

69
70
71
72

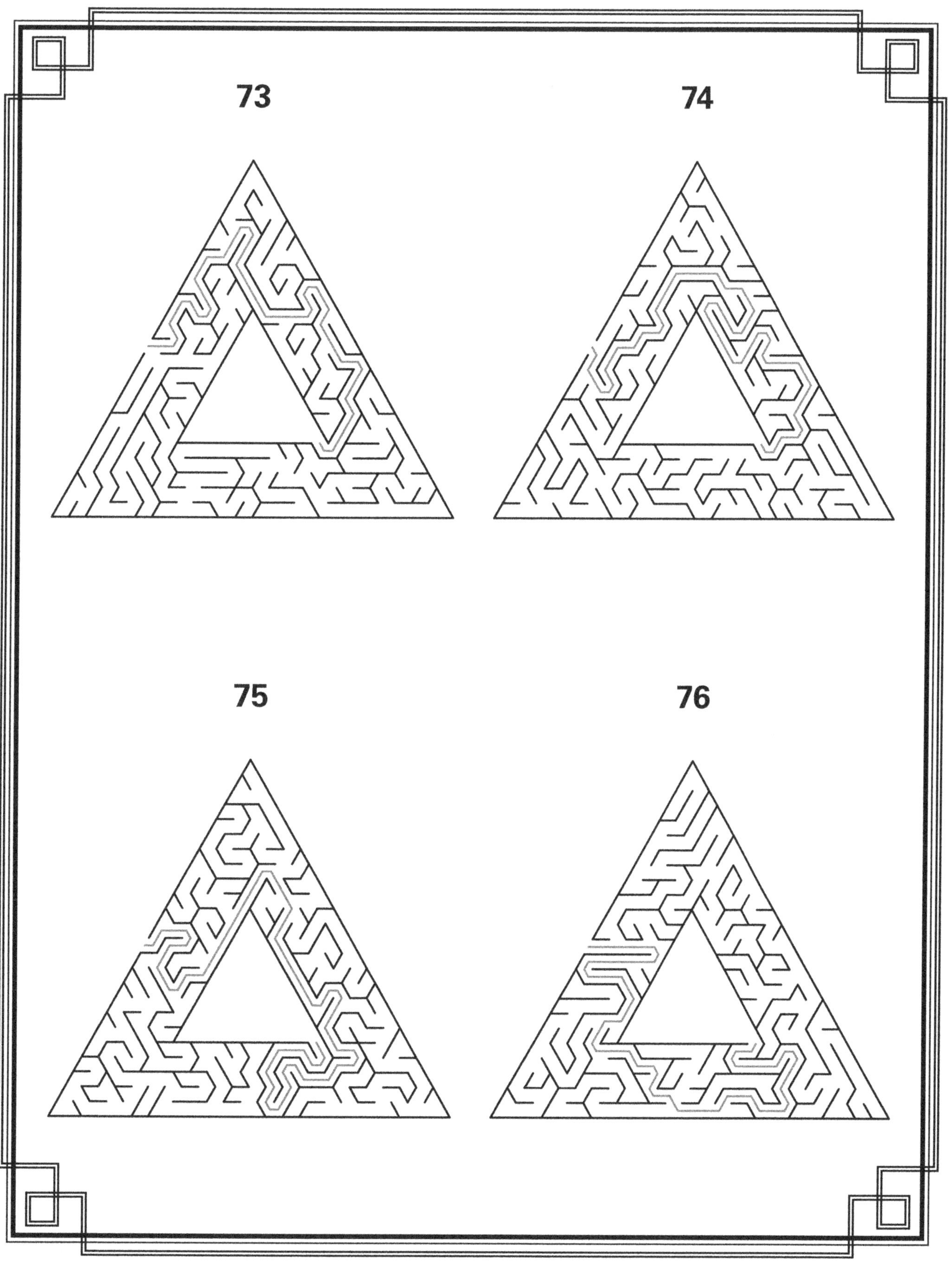

73
74
75
76

77
78
79
80

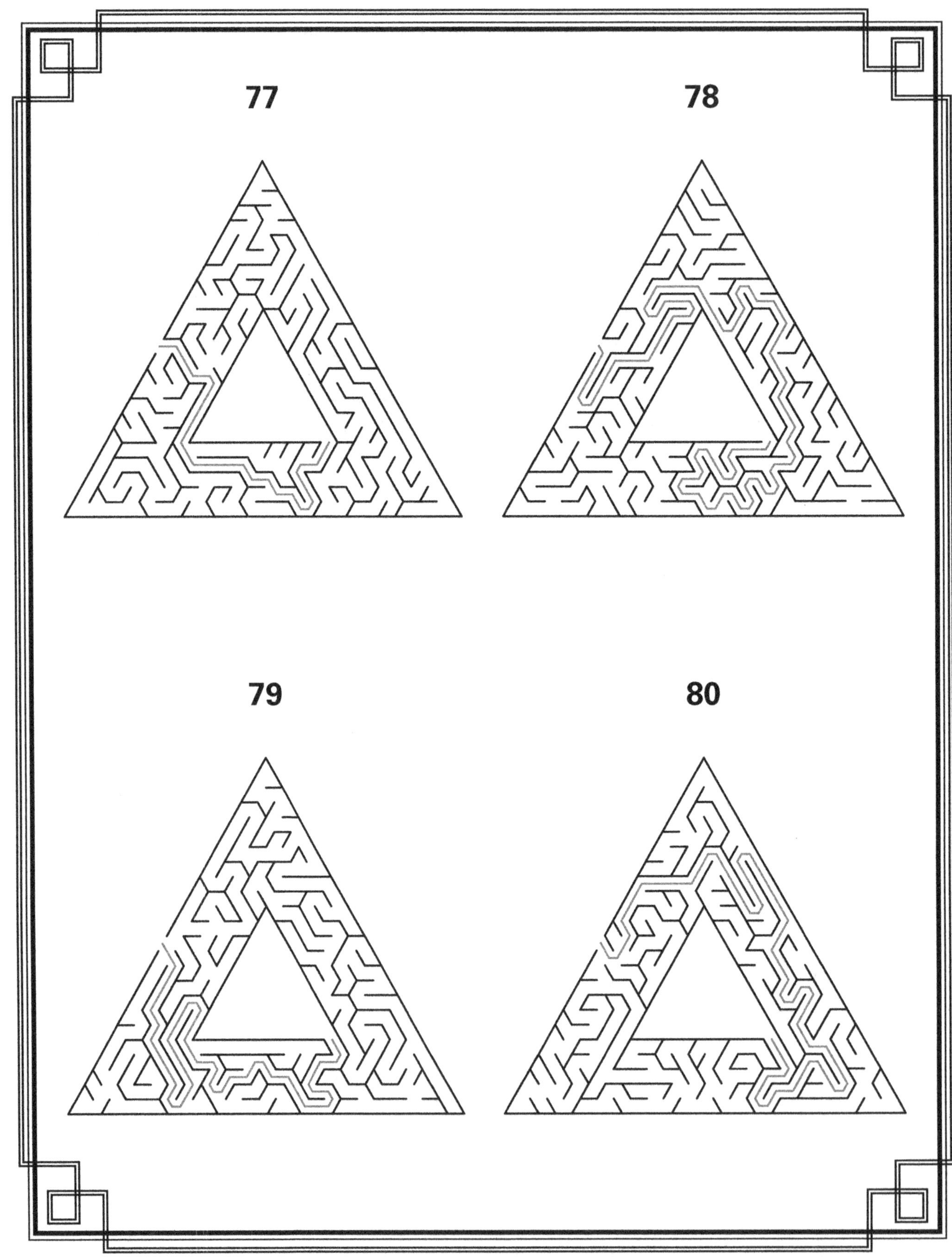

81

82

Made in the USA
Monee, IL
07 July 2026